글 김성효 | 그림 정수영

주니어김영사

안녕하세요, 어린이 여러분. 선생님은 초등학교에서 17년 동안 어린이들을 가르쳤어요. 선생님이 6학년을 담임했을 때 일이에요. 한번은 과학 시간에 단원 평가를 보려고 시험지를 나눠 줬어요. 그런데 한 아이가 꼼짝도 하지 않고 있는 거예요. 왜 문제를 안 푸는지 궁금해서 살짝 물어봤어요.

"왜 문제 안 풀고 있어? 어렵니? 괜찮아. 선생님한테 말해 봐."

부드럽게 물었더니, 한참 만에 아이가 입을 열었어요.

"사실은 이거랑 이거, 그리고 이게 무슨 말인지 모르겠어요."

아이가 손가락으로 짚었던 건 물질, 물체, 혼합과 같은 단어들이었어요. 그러고 나서 보니, 문제를 잘 푸는 아이와 그렇지 않은 아이의 차이가 눈에 들어왔어요. 문제를 잘 풀고 공부를 잘하는 아이는 교과서에 나오는 어려운 단어를 척척 이해했어요. 문제를 잘 못 풀고 공부가 힘든 아이들은 어김없이 교과서에 나오는 어휘를 잘 몰랐거나 어려워했어요.

이 일이 있고 나서 선생님은 수업 시간에 중요한 단어들을 쉽게 풀어서 아이들에게 가르쳐 주었어요. 과학이든 사회든 국어든 수학이든 할 것 없이요. 덕분에 선생님이 가르쳤던 어린이들은 공부를 잘했어요. 학기 초에 비해서 신기할 정도로 잘하게 돼서 부모님들이 깜짝 놀랄 정

도였지요. 여기에 어떤 비밀이 숨어 있었는지 여러분은 눈치챘나요?

사실 앞서 말한 친구들이 선생님을 만난 다음에 공부를 잘하게 됐던 이유는 다른 게 아니에요. 교과서에 나오는 어려운 단어들을 정확하게 알게 되었기 때문이에요. 정말로 그래요. 교과서에 나오는 어휘를 많이 알면 알수록 그리고 정확하게 알면 알수록 공부는 쉬워진답니다.

선생님은 이번 책에서 환이와 다솜이라는 어린이들이 마법의 교과서 속으로 신비한 모험을 떠나는 이야기를 썼어요. 환이와 다솜이를 따라서 여러 모험을 하다 보면 초등학교 과학 교과서에 나오는 다양한 개념과 수많은 어휘가 저절로 이해될 거예요.

환이와 다솜이가 마법의 과학 교과서에서 빠져나오려면 여러 가지 과학 개념과 원리, 어휘들을 공부해야만 해요. 마법에 걸려 게임 아이템처럼 변해 버린 다솜이와 과학이라고는 제대로 공부해 본 적 없는 환이가 과연 뒤죽박죽된 과학 교과서에서 무사히 빠져나올 수 있을까요?

수상한 마법사 마스터 M과 검은 고양이 미오에게는 또 어떤 비밀이 있는지 우리도 환이와 다솜이를 따라서 마법의 과학 교과서 속으로 함께 모험을 떠나 봐요!

김성효 선생님

추천사

초등학교 과학 학습에 있어 교과서는 참 중요하지만 어렵죠. 말랑말랑한 판타지 동화를 통해 딱딱한 과학 교과서 속으로 마법사 M과 대모험을 떠나볼까요? 동화를 읽다 보면 과학 교과서 속 모든 과학 개념이 쏙쏙 들어옵니다.

참쌤스쿨 대표, (전)경기도교육청 장학사 **김차명** 선생님

흥미진진한 이야기 속에 과학적 요소와 개념들이 충실하게 반영되어 과학과 보충 지도 자료로 손색이 없어요. 새로운 방식의 과학 수업을 원하는 선생님들과 과학의 기초를 다지고 싶은 초등학생들에게 이 책을 추천합니다.

천안 가람초등학교 **김덕원** 선생님

환이와 다솜이를 따라 어드벤처 게임 같은 신비한 모험을 통해 문제를 해결하다 보면 과학 개념과 원리, 어휘들을 자연스럽게 익힐 수 있습니다. 광활한 우주에서 헤매듯 과학 공부로 힘들어하는 초등학생 친구들에게 이 책을 적극 추천합니다.

대구 공산초등학교 **김상만** 선생님

갈수록 어려워지는 교과서 속 어휘들은 아이들을 공부에서 멀어지게 만듭니다. 하지만 김성효 선생님의 이야기를 읽다 보면 아이들은 다솜이와 환이가 되어 즐거운 모험을 떠날 수 있습니다. 많은 아이들이 이 모험에 함께하기를 기대해 봅니다.

전북 군산동초등학교 **전혜진** 선생님

등장인물

환이

그림 그리는 걸 좋아하고 까불까불 장난치는 걸 좋아하는 평범한 아이이다. 과학은 잘 못하지만, 그래도 역사는 제법 좋아한다.

다솜이

착실하고 공부도 잘하고 아는 것도 많다. 조심성이 많아 선생님이 하라는 대로만 하는 전형적인 모범생이다. 특히 과학을 좋아한다.

마스터 M

교과서 세상을 엉망으로 만든 주인공이다. 환이와 다솜이 그리고 검은 고양이를 지켜보며 호시탐탐 위기에 빠트릴 기회를 엿본다.

검은 고양이

환이가 자신의 교과서에 직접 그린 고양이로 이름이 '미오'이다.

작가의 말 • 4

도서관에서 생긴 일 • 10
꼬꼬무 어휘 ❶

여기가 교과서 세상이라고? • 22
꼬꼬무 어휘 ❷

동물의 한살이 • 34
꼬꼬무 어휘 ❸

동물들을 분류하시오 • 50
꼬꼬무 어휘 ❹

물은 땅을 변화시키지 • 64
꼬꼬무 어휘 ❺

화석을 찾아라 • 78
꼬꼬무 어휘 ❻

다솜이의 무게를 재라고요? • 96
꼬꼬무 어휘 ❼

그림자가 사라졌어요 • 108
꼬꼬무 어휘 ❽

태양계, 지구 그리고 별자리 • 122
꼬꼬무 어휘 ❾

우리 몸은 신비해 • 142
꼬꼬무 어휘 ❿

마지막 테스트 • 160

안녕, 미오의 대모험 • 168

도서관에서 생긴 일

"이환, 너 도서관에서 뛰어다닌다고 선생님께 이른다!"
보람이가 눈을 동그랗게 뜨고 콧바람을 내뿜었다.
"내가 언제 뛰었어, 몇 시, 몇 분, 몇 초에?"
환이는 혀를 내밀면서 웃었다.
"다솜아, 내 말이 맞지? 환이 방금 뛰었지?"
다솜이는 모범생답게 벌써 교과서와 공책도 펴 놓았다.
"어? 어, 맞아. 도서관에서 뛰면 안 되지."
다솜이는 보람이와 눈을 마주쳤다가 얼른 고개를 돌렸다. 다솜이의 귓불이 순식간에 빨개졌다.
선생님이 도서관에 들어서자마자 아이들에게 과학 활동지를

나눠 주었다.

"에이, 이걸 어떻게 찾아요? 말도 안 돼요."

다들 활동지를 보자마자 어리둥절했다.

"말이 안 되긴. 발자국 주인을 알아내려면 어떻게 해야겠어?"

"발자국 모양을 살피거나 발가락 개수를 세어 보면 어떨까요."

다솜이가 선생님의 질문에 손을 번쩍 들고 말했다. 아이들 입에서는 아아, 하는 소리가 터져 나왔다.

"역시 다솜이! 그게 바로 **탐구**야. 새로운 지식을 알아내기 위해 궁리하는 과정이지. 너희도 잘 모르는 내용은 과학 교과서나 책꽂이에 있는 책을 이용해서 탐구해 봐."

선생님의 말이 끝나기 무섭게 아이들이 저마다 활동지를 채우느라 바빴다. 은근슬쩍 다솜이 활동지의 답을 베껴 적는 아이들도 많았다. 그런데 환이는 과학 교과서에 낙서만 하고 있었다.

"와, 이게 뭐야. 고양이잖아?"

보람이가 환이의 과학 교과서를 팔랑팔랑 넘겨 보았다. 교과서 구석에 검은 고양이가 한 마리 그려져 있었다. 옆에는 마법사 모습을 한 그림도 있었다.

"오, 고양이 이름이 미오야? 미오의 대모험이라고? 여기 공룡도 나오고, 무슨 마법사도 나오잖아? 너 그림 되게 잘 그린다."

다솜이는 보람이가 신경 쓰이는지 자꾸 힐끔거렸다.

"선생님, 다 했으면 책 읽어도 돼요?"

다솜이의 말에 여기저기에서 감탄의 소리가 터져 나왔다.

"그럼 다솜이가 환이 활동지 푸는 것 좀 도와줘라."

다솜이는 내심 보람이를 도와주고 싶었던 탓에 얼굴이 딱딱하게 굳어졌다.

"잘 봐. 이게 누구 발자국이겠어?"

"모르지. 그걸 내가 어떻게 알아."

환이는 딴청을 피워 댔다.

"난 동물원에서 곰 발바닥을 본 적 있는데, 그림과 비슷하게 생겼어. 이렇게 경험에 비추어서 설명하는 걸 추리라고 해. 이제 곰 발자국 옆에 호랑이 발자국이 찍혔다고 상상해 봐."

"호랑이 발자국이 왜 곰 발자국 옆에 찍히는데?"

다솜이는 부글부글 얼굴을 붉히며 설명했다.

"이런 과정을 과학자들은 예상이라고 하거든. 이미 관찰해서 알거나 아는 걸 바탕으로 앞으로의 일을 상상해 보는 거지. 그럼 누구 발자국이 더 크겠어?"

"몰라. 알 게 뭐야."

환이는 지루한 듯 하품을 하면서 교과서 그림 위에 새카맣게 먹칠을 해 댔다. 여기저기 구멍을 뚫고, 퍼즐을 그리고, 낙서를 하느라 환이는 정신이 없었다.

그때 하늘이 갑자기 어두워졌다. 콰콰쾅, 바깥에서 요란한 소리가 울려 퍼졌다.

"꺄아악, 하늘 좀 봐. 곧 비가 올 것 같아."

아이들이 놀라서 소리를 질러 댔다.

"봤지? 저게 예상이야. 앞으로 일어날 일을 추측하는 거지."

다솜이가 어깨를 으쓱했다.

"아는 거 많아서 좋겠다, 넌."

환이가 투덜댔다.

"애들아, 바깥 날씨가 심상치 않다. 활동지 다 푼 사람은 어서 교실로 가자."

아이들과 선생님은 주섬주섬 물건을 챙겼다.

"선생님, 저는요?"

다솜이가 어리둥절해져서 물었다.

"다솜이는 환이가 활동지 다 하면 같이 와라."

선생님은 아이들과 먼저 교실로 가 버렸다. 도서관은 금세 텅 비었다.

다솜이는 한숨을 쉬며 숨을 골랐다.

"봐, 발바닥이 양쪽으로 갈라진 건 사슴 발자국이야. 이건 늑대 발자국. **서로 비슷한 것끼리 나누는 걸 분류라고 해.** 만약 사슴이랑 늑대 발자국 사이 간격이 갑자기 넓어졌다면 무슨 일이 일어난 건지 예상해 봐."

"무슨 일이 일어난 건데."

환이가 연필을 깨물면서 심드렁한 얼굴로 물었다.

"휴, 내 추측엔 늑대가 쫓아오니까 사슴이 달아난 거야."

환이는 다솜이가 하는 말을 활동지에 아무렇게나 받아 적었다.

"야옹, 야옹!"

갑자기 어디선가 고양이 소리가 들렸다. 환이와 다솜이가 놀란 눈으로 마주 보았다.

"이럴 땐 뭘 해? 예상? 추리? 탐구? 분류?"

환이가 주변을 두리번거리며 물었다.

"도서관에 고양이라니……."

우르르 쾅, 하는 소리와 함께 갑자기 도서관 전등이 모두 나가 버렸다. 야옹, 야옹 하는 소리가 다시 들려왔다. 번개가 쾅쾅, 칠 때마다 환한 빛이 도서관을 밝혔다. 고양이 그림자가 멀리 책꽂이 끝에 나타났다.

"왜 고양이가 도서관에 나타났는지 가서 확인해 봐야겠어."

다솜이는 벌떡 일어나서 달려갔다.

"뭐야, 나한텐 도서관에서 뛰지 말라더니."

환이도 과학 교과서를 옆구리에 끼고는 힘껏 달려갔다.

번개가 또다시 쳤다. 순간 도서관이 환해졌다. 다솜이는 책꽂이를 따라 오른쪽으로 돌고 있었다. 환이는 왼쪽으로 돌았다. 따아악, 하는 소리가 도서관에 크게 울려 퍼졌다.

"아야, 아야."

환이와 다솜이는 자신의 이마를 문질렀다.

"너 때문에 다칠 뻔했잖아. 넌 이런 상황을 예상도 못 하니?"

"그러는 너는 예상했고?"

둘은 투닥거리다가 말고 멈칫했다. 검은 고양이가 환이와 다솜이 발에 머리를 비비고 있었다. 왠지 낯익은 모습이었다.

"어, 너 어디에서 많이 본 거 같은데……. 근데 뭐야. 입에 열쇠를 물고 있잖아?"

환이는 열쇠를 집어 들었다. 순간, 열쇠가 찌르르 떨렸다.

"M? M이 무슨 뜻이지?"

열쇠는 황금색으로 반짝거렸다. 앞면에는 M이라고 씌어 있고, 뒷면에도 작은 글씨가 적혀 있었다. 둘은 열쇠 뒷면에 적힌 깨알만 한 글씨를 함께 읽었다.

두 세계가 하나가 되는 때,
구원자의 발길이 닿으리라.

순간, 책에서 빛이 마구 뿜어져 나왔다.

"으아아, 눈부셔!"

둘은 환이의 과학 교과서 속으로 빨려 들어가 버렸다.

꼬리에 꼬리를 무는 어휘 이야기 ❶

과학자는 탐구한 대상의 공통점과 차이점을 찾아서 이를 바탕으로 무리를 지어. 이런 과정을 분류라고 해. **분류(分類)**는 나눈다는 뜻의 분(分)과 같은 무리라는 뜻의 류(類)가 합해진 말이거든.

분(分)에는 나누다, 베풀다, 같은 뜻이 있어. 분(分)이 들어간 단어들을 살펴보자.

> **분류**(分類) : 같은 종류끼리 나눈다   **분수**(分數) : 같은 크기로 나눈 수
> **분모**(分母) : 분수의 아래에 오는 수   **분자**(分子) : 분수의 위에 오는 수

분류(分類)를 넣어서 짧은 글을 지어 봐.

> **환이** : 엄마가 반찬을 분류해 보라고 해서 고기 반찬과 채소 반찬으로 나누었다.
> **다솜이** : 발자국의 모양에 따라 분류했더니, 곰과 사슴 발자국으로 나눌 수 있었어.
>
> **나** :
> --
>
> --

과학자는 이미 관찰하거나 경험한 걸 바탕으로 앞으로 일어날 일을 생각해. 이런 걸 예상이라고 해. **예상**(豫想)은 미리라는 뜻의 예(豫)와 생각한다는 뜻의 상(想)이 합해진 말이거든.

예	상
豫	想
미리	생각한다

나는 방학이 오기 전에 미리 예상해서 계획을 짜려고.

예상(豫想)할 때는 이미 관찰해서 알고 있거나 그동안 경험했던 걸 바탕으로 하면 좋아. 규칙을 쉽게 찾아낼 수 있어서 예상도 쉬워지거든. 아래 그림카드 다음에 어떤 일이 생길까? 예상해서 그려 봐.

과학자는 자신이 탐구한 결과를 알리고, 다른 사람들과 생각이나 정보를 주고받아. 이런 과정을 **의사소통**(意思疏通)이라고 해. '의사'는 생각이나 의견을 말하고 '소통'은 서로 통해 뜻을 주고받는 걸 말해.

의사소통(意思疏通)으로 사행시를 지어 봐.

환이	나
의 : 의견을 나누고	**의** :
사 : 사고를 나누다 보면	**사** :
소 : 소통하게 돼.	**소** :
통 : 통했다고도 하지.	**통** :

내 생각을 말할게. 수업 전에 활동지를 다 푸는 게 어때?

나는 수업 끝나고 풀고 싶은데?

빈칸에 들어갈 적절한 말을 보기에서 골라 봐.

> **보기** 말하기, 의견, 공감, 분류, 소통, 측정

의사결정? 의사 선생님이 결정한다는 뜻인가?

땡! 틀렸어.

그럼 뭔데?

| ㅇ | ㄱ |

을 나눈다는 뜻이야.

그럼 뜻을

| ㅅ | ㅌ |

했다는 거네? 서로 생각이 통한 거지.

알아 두기

★ **소통** 疏通 : 막히지 않고 잘 통한다. 생각이 서로 잘 맞는다.
　예) 의사소통

★ **공통** 共通 : 여럿 사이에 두루 통하다.
　예) 공통점과 차이점

★ **통신** 通信 : 소식을 전하다.
　예) 인터넷 통신

알아 둘게 많군….

여기가 교과서 세상이라고?

환이는 놀란 눈으로 주변을 둘러보았다. 온통 글씨로 뒤덮여 있었고 벽들이 엉망이었다. 벽 군데군데에는 구멍이 뚫렸고, 여기저기에 낙서가 되어 있었다. 그런데 가만 보니 어디서 본 듯한 익숙한 낙서에 환이는 눈이 동그래졌다.

"이건 내 과학 교과서잖아?"

환이는 무심코 옆을 돌아보았다가 놀라서 엉덩방아를 찧었다.

"으아아아악. 다, 다솜아!"

뻣뻣하게 서 있는 다솜이 머리 위에 투명한 창이 하나 떠 있었다. 투명창의 테두리가 반짝거렸다.

"위대한 개척자라니? 그게 누군데, 설마 나?"

환이는 모든 상황이 어리둥절했다.

"미오의 대모험은 내가 그린 건데? 교과서에 낙서 좀 했다고 교과서 세상이 망가졌다는 거야?"

"예."

다솜이의 입에서 한마디가 흘러나왔다.

"예라고? 으아아아, 이게 대체 다 어떻게 된 거야. 근데 다솜이 네가 학습 도우미야?"

"예."

환이는 잠시 생각에 잠겼다.

"흠, 너 무슨 마법에 걸린 거야?"

"예."

다솜이는 딱딱한 소리로 대답했다.

"그나저나 나는 왜 마법에 안 걸렸지? 흠, 설마 내 교과서니까, 내가 이 세계의 주인이라도 되는 건가?"

"예."

다솜이는 거침없이 대답했다.

"으음, 다솜이 너 보람이 좋아하지?"

환이가 느닷없는 질문을 던졌다.

"읍, 으읍."

다솜이는 입술을 깨물면서 버텼지만, 다솜이 입에서는 저절로 대답이 흘러나왔다.

"예."

다솜이 얼굴이 붉으락푸르락했다.

"에헤헤. 애들한테 소문내야지. 아 참, 소문을 내려면 여기서 빠져나가야 하는구나. 음, 다솜아, 우리가 여기에서 빠져나갈 방법이 있어?"

"예."

"그런데 여긴 과학 교과서 속이잖아. 난 과학 잘 못한단 말이야. 너도 알잖아."

다솜이의 무뚝뚝한 표정을 보니, 이렇게 말하고 있는 것 같았다.

'그러니까 평소에 열심히 좀 하지.'

다솜이 머리 위에 뜬 투명창에 글자가 나타났다.

> **상자를 열면
> 20금화를 획득할 수 있습니다.**

"금화는 또 뭐야? 이거 무슨 게임 같은 건가?"

"예."

언제 나타났는지 커다란 투명박스가 환이 앞에 놓여 있고, 그 안에 작은 상자가 있었다. 작은 상자 주변에는 클립이 잔뜩 쌓여 있었다. 커다란 막대자석이 투명박스 한가운데 줄에 매달려 있고, 바깥에는 움직일 수 있는 레버가 달려 있었다.

"으음, 인형 뽑기 같은 거야?"

"예."

그렇다면 막대자석으로 상자 위에 쌓인 클립들을 치우면 된다.

"이 정도야 뭐. 내가 우리 동네에서 인형 뽑기 신이잖냐."

환이가 자신감 넘치게 레버를 당겼다. 자석은 아슬아슬하게 상자를 스쳐 가면서 클립을 두세 개만 치우고 말았다.

**기회가 한 번 남았습니다.
상자는 곧 폭파됩니다.**

"폭파된다고? 아, 어떻게 하지? 자, 생각을 하자. 생각을."

환이는 머리를 마구 두드려 댔다. 그러다가 수업 시간에 배웠던 걸 머릿속에 가까스로 떠올렸다.

"자석에는 극이 있어. S극, N극. 자석은 극에서의 힘이 가장 세다고 배웠어. 맞지?"

"예."

초조해하던 다솜이 표정이 밝아졌다. 환이가 레버를 이리저리 움직였다. 기회가 한 번뿐이라서 손바닥에 저절로 땀이 났다. 다행히 자석의 극을 가져다 대니, 클립이 우수수 붙었다. 상자가 천천히 열리면서 투명박스가 사라졌다. 상자에는 반짝반짝 빛나는 금화들이 들어 있었다. 다솜이 머리 위의 투명창에도 글자들이 나타났다.

> 다음 페이지로 이동하기 위해 문제를 풀겠습니다.

"뭐야, 문제를 또 풀어?"

> 지구는 커다란 자석과 같습니다.
> 지구는 북극이 S극,
> 남극이 N극입니다.
> 자석을 물에 띄우면
> 자석의 S극은 어디를 가리킬까요.
> 5초 안에 답하세요.

"5, 4, 3……."

투명창에 숫자들이 나타났다.

"잠, 잠깐!"

환이는 다솜이를 쳐다보았다. 다솜이의 얼굴이 딱딱하게 굳어 가고 있었다.

"2, 1……."

하는 수 없었다. 환이는 눈을 질끈 감고 답을 찍었다.

"N극?"

> 축하합니다.
> 금화를 획득했습니다.
> 금화는 농장에서 화분으로 바꿀 수 있습니다.

"농장은 또 뭐야?"

금화들이 다솜이의 투명창에 쪼르르 빨려 들어갔다.

"아이, 깜짝이야. 넌 또 언제 나타난 거야."

아까 도서관에서 봤던 그 검은 고양이가 환이의 다리에 머리를 비비고 있었다.

"너 아까 그 고양이 맞지? 내가 그린 미오, 맞지?"

미오는 환이의 말이 맞다는 듯이 꼬리를 살랑살랑 흔들었다. 그런데 그 순간, 딛고 있던 바닥이 뻥 뚫려 아래로 추락하기 시작했다.

"으아아아, 이건 또 뭐야!"

긴 비명 소리와 함께 다솜이와 환이는 순식간에 사라졌다.

꼬리에 꼬리를 무는 어휘 이야기 ❷

자석은 쇠로 된 물질을 끌어당겨. 이렇게 **자석의 고유한 성질**을 **자성**이라고 해. 세상에는 전기가 흐를 때만 자성을 띠는 신기한 물질이 있는데, 이걸 전자석이라고 불러. **전기**가 흐르는 걸 **전류**라고 하는데, **전자석**은 전류가 흐를 때는 자성을 띠었다가 전류가 흐르지 않으면 자성을 잃게 돼.

우리 주변에 있는 다양한 물건 중에는 전자석의 독특한 성질을 이용한 게 많아. 기중기, 헤어드라이어 모두 전자석을 이용한 물건들이지.

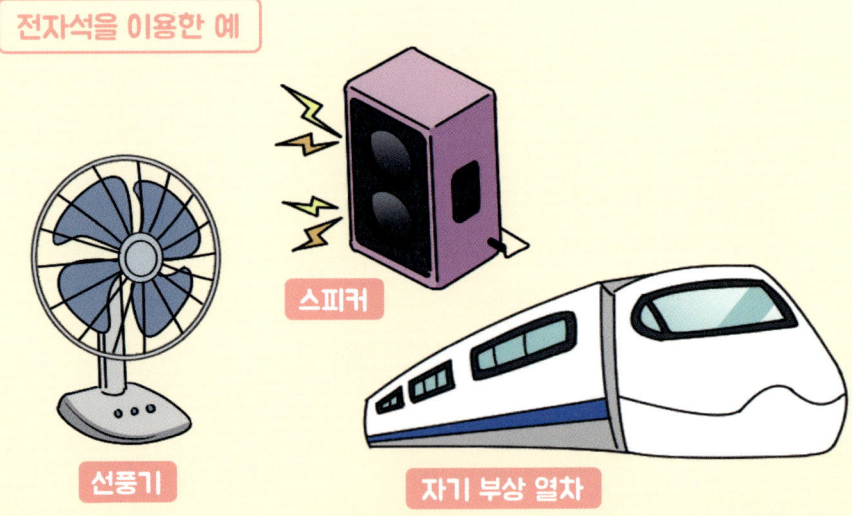

전자석을 이용한 예
- 선풍기
- 스피커
- 자기 부상 열차

전자석이 전류가 흐를 때만 자성을 띠는 것과 달리 막대자석은 계속해서 자성을 띠기 때문에 **영구자석**이라고 불러. 자석의 성질인 자성은 자석의 **극**에서 가장 강해. 아까 환이가 막대자석의 극을 가져다 댔을 때 클립이 가장 많이 붙었던 것처럼 말이야. 어때, 자석과 자성, 비슷한 듯 다르지?

- **남극**(南極)과 **북극**(北極) : 남쪽 끝, 북쪽 끝
- **극**(極)**지방** : 남극과 북극을 함께 일컫는 말
- 자석의 **N극**(極)과 **S극**(極)
- **태극**(太極) **무늬** : 우주 만물의 시작이자 끝이 되는 본체를 나타낸 그림

극(極)이 들어간 또 다른 단어가 있을까?

나침반(羅針盤)은 자성을 띠는 가느다란 바늘로 만들었어. 나침반에 막대 자석을 가져다 대면 어떻게 될까?

나침반(羅針盤) : 자성을 띠는 바늘로 만든 기구

침소봉대(針小棒大) : 바늘만 한 것을 몽둥이처럼 크게 부풀려서 말한다.

환이의 일기

어제 학교 끝나고 운동장에서 철봉을 하고 놀았다.

아침부터 열이 나고 많이 아팠다. 소아과에 갔는데,

독감에 걸렸다고 했다. 의사 선생님이 독감에 걸리면

집에 있는 게 의료 방침이라고 했다.

학교 안 가고 집에서 놀면 좋을 줄 알았는데,

하루 종일 집에만 있으니까 심심하고 재미없었다.

내일은 꼭 학교에 가서 다솜이랑 놀아야지.

알아 두기

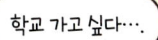
학교 가고 싶다….

★ **철봉** 鐵棒 : 두 개의 기둥 사이에 쇠막대를 수평으로 가로지른 기구

★ **소아** 小兒 : 작은 아이, 어린아이

★ **소아과** 小兒科 : 소아가 치료받는 병원

★ **방침** 方針 : 방법과 계획

동물의 한살이

환이와 다솜이는 농부들이 입는 옷으로 갈아입혀져 있었고, 사방에는 널따란 배추밭이 펼쳐져 있었다.

"이 옷은 또 뭐야. 이번엔 농장이야?"

"맞았어."

다솜이의 목소리가 환이 바로 옆에서 흘러나왔다.

"어라? '예, 아니오'로만 대답할 수 있었잖아? 너 마법이 풀린 거야?"

환이의 얼굴이 환해졌다.

"아니야."

다솜이가 고개를 저었다. 그래도 아까 뻣뻣했던 동작보다 조금 부드러워지긴 했다.

"그럼 뭔데?"

"아직은."

"'아직은'은 또 뭐지?"

다솜이의 머리 위로 투명창이 생겨났다. 투명창의 테두리가 반짝거렸다.

> 위대한 개척자님,
> 농장에서 일하시겠습니까.
> 농장에서 일하면 30금화를 획득할 수 있습니다.
> 레벨 2에서 학습 도우미는 세 글자로만 대답할 수 있습니다.

"금화를 준다면야 까짓것 한번 해 보지, 뭐."

환이의 손에 순식간에 호미가 생겨났다.

> 밭을 모두 매세요.

"밭을 매는 게 뭐야?"

"풀 뽑기."

다솜이는 태평한 표정을 지었다.

"설마 나 혼자서 이 넓은 밭의 풀을 뽑으라고?"

"그렇지."

"안 뽑으면 어떻게 되는데?"

"못 나가."

어쩔 수 없었다. 환이는 쪼그리고 앉아서 배추밭을 매기 시작했다. 첫 번째 밭에는 배춧잎의 뒷면에 알이 쪼르륵 붙어 있었다. 노르스름한 알이 줄 맞춰서 나란했다.

"이게 뭐야?"

"알이야."

"알? 아, 알아. 과학 시간에 봤어. 이거 배추흰나비인가 뭔가 하는 알이지?"

"맞았어."

두 번째 밭에는 애벌레가 배춧잎을 기어다녔다.

"으아아악, 애, 애벌레. 다솜아, 벌레야."

한참 호들갑 떨던 환이가 다솜이를 쳐다보았다. 다솜이는 조용히 애벌레를 들여다보고 있었다. 환이도 다솜이를 따라 애벌레들을 관찰했다.

"분명히 노란 알이었는데, 왜 애벌레는 초록빛이 나지?"

"배춧잎."

다솜이는 배추밭을 가득 채운 진한 초록빛 배춧잎을 가리켰다.

"아, 배춧잎을 먹으니까 애벌레도 초록색이 되는구나. 하하하."

환이는 처음과 달리 애벌레들이 왠지 징그럽지 않고, 신기했다.

세 번째 밭에는 배춧잎에 번데기가 매달려 있었다.

"다솜아. 이건 뭐야?"

"변했어."

다솜이가 두 번째 밭을 가리켰다가 세 번째 밭을 가리켰다.

"아까 그 애벌레가 이렇게 변했다는 거야? 이게 뭔데?"

"번데기."

"이 속에 뭐가 있는데?"

"흰나비."

마지막 밭에서는 하얀 나비들이 날아다니고 있었다. 군데군데 짝짓기를 하는 나비들도 있었다.

"알부터 시작해서 애벌레, 번데기, 나비가 되는 거야?"

"한살이."

다솜이가 고개를 끄덕였다.

"근데 아까부터 궁금했는데, 밭을 왜 나만 매는 거야?"

"넌 주인."

"너는?"

"도우미."

교과서 주인은 환이고, 다솜이는 학습 도우미니까, 밭매는 건 자기 일이 아니라는 뜻이었다. 다솜이는 나무에 열린 사과를 따서 맛있게 깨물어 먹었다. 환이는 속이 부글부글했지만, 어쩔 수 없었다. 밭을 매는 수밖에.

"발 조심."

다솜이는 환이를 쳐다보지도 않고 사과를 아삭아삭 깨물었다.

"으아아아!"

순간 환이는 끝이 보이지 않는 암흑으로 떨어질 뻔했다. 환이가 교과서에 구멍을 뚫어 둔 터라 배추밭에도 군데군데 구멍이 뚫려 있었다.

"아이고, 힘들어. 나보고 위대한 개척자라더니, 이게 뭐야."

널따란 배추밭을 매느라 환이는 완전히 녹초가 되어 버렸다.

밭을 맨 대가로 30금화를 획득했습니다.

반짝반짝 빛나는 금화가 환이 손바닥에 수북이 쌓였다.

"와, 금화다. 금화가 생겼어."

환이의 손에 있던 금화는 쪼르르 소리를 내면서 다솜이의 투명창 안으로 빨려 들어갔다.

"윽, 배고파. 나도 사과."

환이가 사과나무로 손을 뻗었다. 환이 손에 닿으면 사과는 흔적도 없이 사라졌다.

"이것도 뭘 해야 먹을 수 있는 건가?"

몇 번을 시도하다가 환이가 고개를 갸우뚱했다.

"그렇지."

다솜이가 씩 웃었다.

"뭘 해야 하는데?"

"글쓰기."

순간, 허공에 두루마리와 깃털 펜이 생겨났다. 펄럭거리는 두루마리에는 환이의 애벌레 관찰 계획서라고 적혀 있었다.

"뭐어? 지금 나더러 관찰 계획서를 쓰라고?"

"응, 그래."

다솜이가 어깨를 으쓱했다. 환이가 손을 절레절레 저었다. 글쓰기라면 환이가 딱 질색하는 것이다. 과학 시간에도 한 번도 안 써 본 관찰 계획서였다.

"싫어. 안 할래."

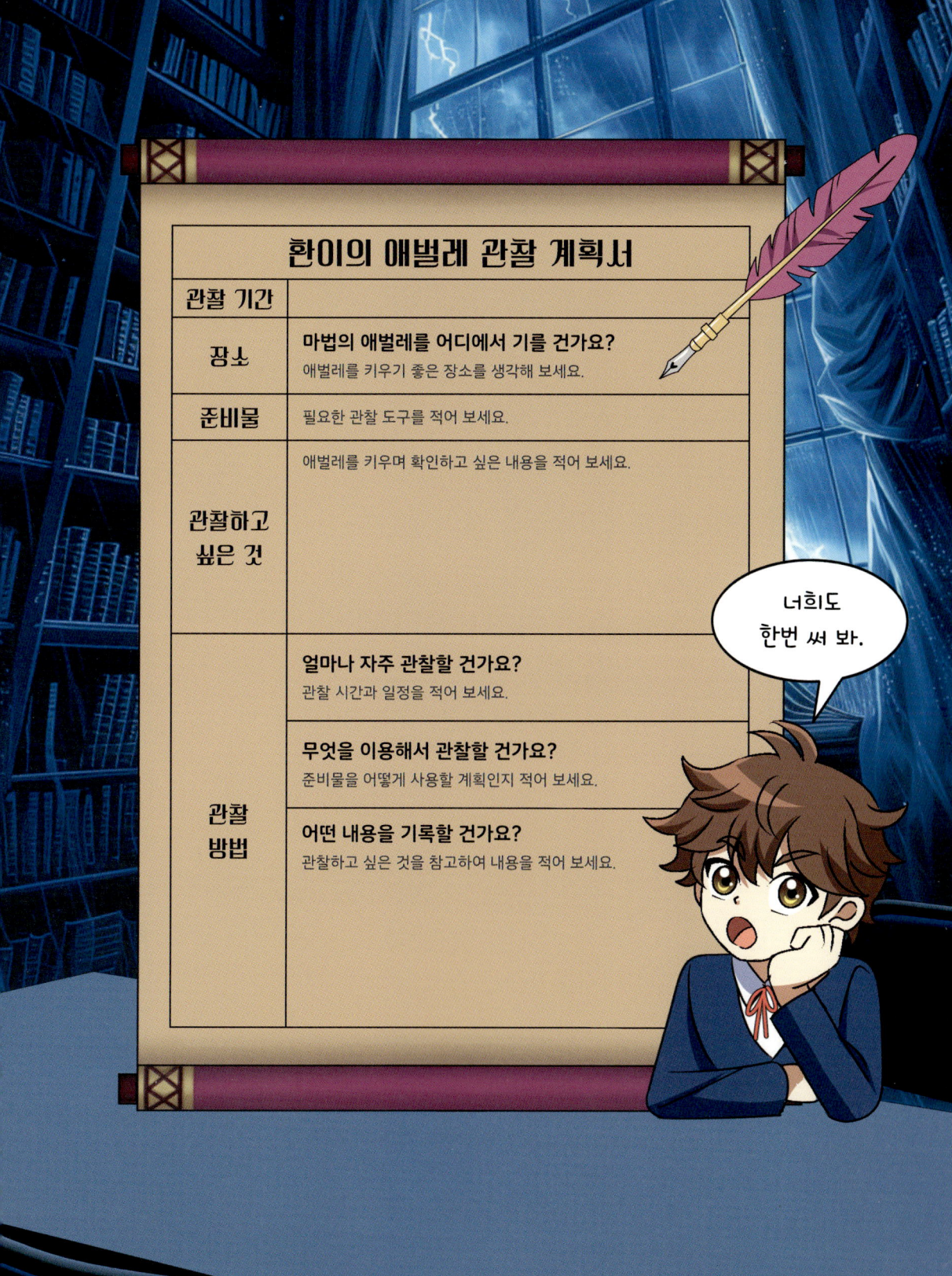

다음 순간 다솜이의 투명창에 그럴싸하게 차려진 식탁이 생겨났다. 환이는 침이 저절로 꿀꺽 넘어갔다.

"아니야. 할게, 할게. 쓰면 되잖아. 관찰 계획서."

환이가 말만 하면 깃털 펜이 저절로 움직여서 관찰 계획서를 채워 넣었다. 밭을 매느라 알이며 애벌레며 나비들을 꼼꼼히 들여다본 덕분에 쉽게 써넣을 수 있었다. 환이는 관찰 계획서를 다 작성하고서 한 상 푸짐하게 먹을 수 있었다.

"수업 시간에 좀 열심히 들을 걸 그랬나."

"으이구."

다 말하지 않아도 다솜이의 잔소리가 들리는 듯했다.

그동안 모은 금화를 배추 화분으로 바꾸시겠습니까.

"그래. 바꿔 보지, 뭐."

순식간에 싹이 하나 자라고 있는 작은 화분이 환이 손에 놓였다. 평범한 작은 화분이었다.

"이게 뭐야. 시시해. 안 가져."

"아니야."

다솜이가 한사코 고개를 젓는 바람에 환이는 화분을 버리려다가 억지로 챙겼다.

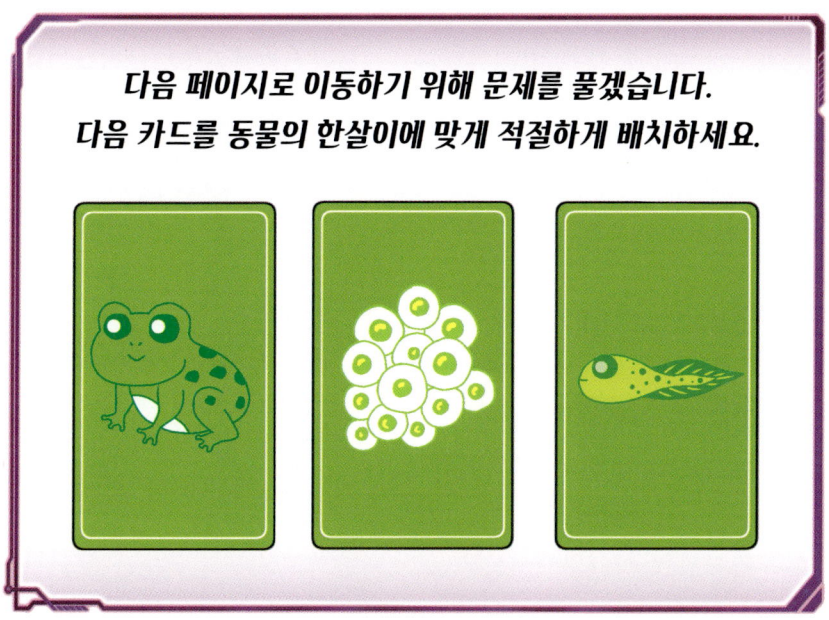

 개구리, 알, 올챙이가 각각 그려진 카드가 허공에 떠 있었다. 환이의 가슴이 두근거렸다.
 "음, 아까 우리가 본 그 배추흰나비 한살이랑 비슷하게 하면 될까?"
 환이는 고민하다가 개구리, 올챙이, 알 순으로 카드를 바꾸어 놓았다. 순간, 부르르 떨리는 굉음 소리가 나더니, 배추밭 한가운데서부터 배추들이 뽑혀 나갈 듯이 요란하게 떨렸다.

"뭐, 뭐야. 틀렸어?"

"틀렸어."

"왜, 왜, 뭐가 틀렸는데?"

"한살이."

"아 참, 한살이는 어린 것부터 시작하지. 다시, 다시!"

환이는 재빨리 알, 올챙이, 개구리 순으로 카드를 배치했다. 그러자 부르르 떨리던 땅과 배추들이 잠잠해졌다.

> **다음 문제에 재도전하세요.**

허공에 악어, 새끼 악어, 알이 둥둥 떠다녔다. 환이는 악어에게 손을 물릴까 봐 조심하면서 알, 새끼 악어, 악어 순으로 배치했다. 배추밭에 다시 평화가 찾아왔다.

> **축하합니다.**
> **문제를 맞혀서 다음 페이지로 이동할 수 있습니다.**

어디선가 야옹, 야옹 하는 소리가 나는가 싶더니, 어느새 다솜이 어깨 위에 검은 고양이가 나타나 있었다. 미오였다.

"알겠다. 다음 페이지로 넘어갈 때마다 네가 나타나는구나?"
환이가 놀란 눈으로 미오와 다솜이를 향해 소리쳤다.

순간 배추밭이 회오리처럼 말려 들어가기 시작했다. 배추밭은 눈 깜짝할 새에 하나의 점이 되어 환이, 다솜이, 검은 고양이와 함께 사라져 버렸다.

꼬리에 꼬리를 무는 어휘 이야기 3

배추흰나비는 알부터 애벌레, 번데기를 거쳐 나비가 돼. 다 자란 배추흰나비를 **성충**(成蟲)이라고 부르지. 성충은 **성장**을 마친 벌레라는 뜻이야. 성장하는 속도는 애벌레마다 달라.

배추흰나비는 알을 낳은 지 5~7일이 지나면 애벌레가 알껍데기를 뚫고 밖으로 나와. 알에서 나온 애벌레는 처음에는 연한 노란색이지만, 잎을 먹으면서 점점 초록색으로 변해. 배추흰나비의 애벌레는 15~20일 동안 총 네 번의 허물을 벗으면서 약 3㎝ 크기까지 자라.

알, 애벌레, 번데기를 거쳐 성충으로 자라는 곤충은 **완전 탈바꿈**을 했다고 하고, 번데기 과정을 생략하고 알, 애벌레, 성충으로 자라는 곤충은 **불완전 탈바꿈**을 했다고 말해. 이런 **한살이** 과정을 다른 말로는 **일생**(一生)이라고도 해. 사람도, 동물도, 곤충도 모두 나름의 일생을 사는 것이지.

성(成)에는 이루다, 갖추다, 같은 뜻이 있어. 성(成)이 들어간 단어들을 살펴보자.

- **성충**(成蟲) : 어른벌레, 다 자란 벌레
- **성장**(成長) : 사람이나 동물 따위가 점점 커짐
- **성인**(成人) : 어른, 다 자란 사람
- **성공**(成功) : 목적을 이룸

다음 대화에 어울리는 말을 넣어 봐.

너 성충이 뭔지 알아?

알지. 성충은 ㅅ ㅈ 을 다한 곤충이야.
그럼 사람이 다 자라면 뭐라고 하게?

어, 음, ㅅ ㅇ ?

맞았어. 어른이 돼서 ㅅ ㄱ 하려면 공부를 열심히 해야 돼.

대기만성(大器晚成) : 큰 그릇은 늦게 이루어진다. 크게 될 사람은 오랜 시간이 걸려서라도 반드시 성공한다.

대	기	만	성
大 큰	器 그릇	晚 늦은, 늦게	成 이루다, 정해지다

정반대의 단어들을 살펴보자.

완전(完全) : 모자람이나 흠이 없다는 뜻   **불완전**(不完全) : 완전하지 않다는 뜻

단어 앞에 아니라는 뜻의 불(不)이 붙으면 뜻이 정반대가 되는 경우가 많아. 예를 들면 완전하다의 반대말이 불완전하다인 것처럼.

오오, 그렇구나. 그럼 합격의 반대말은 불합격이야?

그렇지. 합격의 반대말은 불합격이야. 아니란 뜻의 불(不)이 단어 앞에 붙어 있잖아.

그럼, 불나방은 뭔데? 나방의 반대말이야?

으으, 못 말려. 그건 그냥 불나방인 거지.

단어의 앞에 불(不)이 붙어서 뜻이 반대되는 낱말을 줄로 이어 봐.

합격(合格)	시험에 붙다.	•	불완전(不完全)	완전하지 않다.
완전(完全)	모자람이나 흠이 없다.	•	불포함(不包含)	함께 들어 있지 않다.
포함(包含)	함께 들어 있다.	•	불가능(不可能)	할 수 없다.
가능(可能)	할 수 있다.	•	불합격(不合格)	합격하지 않다.

 와, 신기하다. 그럼 단어 앞에 불(不)만 붙이면 다 반대의 뜻이 되는 거야?

 꼭 그렇진 않아. 대신 불(不)처럼 아니란 뜻으로 단어 앞에 오는 비(非)도 있어.

 비? 하늘에서 내리는 거 말하는 거야?

 하늘에서 내리는 비가 아니라 '아니다'의 뜻을 가진 비(非)라니까.

오늘 오후 정부의 공식적(公式的) 발표가 있었습니다.
  ⋯▸ 숨김없이 공개한다는 뜻

오늘 오후 정부의 비공식적(非公式的) 발표가 있었습니다.
  ⋯▸ 공식적이 아니라는 뜻

외국 노동자들이 비인간적(非人間的) 대우를 받아 왔다는 게 밝혀졌다.
  ⋯▸ 인간답지 않다는 뜻

외국 노동자들이 인간적(人間的) 대우를 받아 왔다는 게 밝혀졌다.
  ⋯▸ 인간답다는 뜻

다음 단어의 반대말을 보기에서 골라서 써 봐.

보기
비대칭, 비생산적인, 비민주적인

민주적인 회의 ⋯▸ _____ 회의

생산적인 일 ⋯▸ _____ 일

대칭을 찾아라 ⋯▸ _____ 을 찾아라

동물들을 분류하시오

어두컴컴한 동굴 한복판에 다솜이와 환이는 나란히 서 있었다. 둘 앞으로 거대한 개미들이 떼를 지어서 걸어갔다.

"으아아악, 거대 개미야!"

개미들은 호들갑을 떠는 환이를 힐끗 쳐다보고는 부지런히 어딘가로 가 버렸다.

"너 작아졌어."

"내, 내가 작아졌다고? 으악, 이건 또 뭐야."

환이는 거대한 공벌레와 눈이 마주쳤다. 공벌레가 환이 뒤에서 얌전히 기다리고 있었다. 공벌레는 환이가 옆으로 비켜서자, 몸을 동그랗게 말고는 떼구루루 굴러갔다. 개미들은 그 뒤를 줄 맞춰서 걸어갔다.

"개미들은 어떻게 저렇게 줄을 잘 맞춰서 가지?"

"페로몬 때문."

환이는 다솜이의 투명창에 생겨난 설명을 빠르게 읽었다.

> 페로몬은 곤충들이 서로 대화하는 언어와 같습니다.
> 페로몬 때문에 개미들은 길을 잃지 않습니다.

"그나저나 여기는 어디야?"

다솜이의 머리 위로 새로운 투명창이 떠올랐다.

> 위대한 개척자님, 새로운 미션을 시작하시겠습니까.
> 레벨 3에서 학습 도우미는 다섯 글자로 대답할 수 있습니다.

"뭔진 몰라도 이 미션 꼭 해야 하는 거지?"

환이가 다솜이를 힐끔 쳐다보았다.

"당연하잖아."

"음, 어떻게 해야 여길 빠져나가지?"

"동굴을 나가."

"동굴을 나가라고? 여기가 동굴이었어?"

환이는 구불구불한 길을 따라서 올라갔다. 간신히 동굴의 끝을 찾아냈는데, 그곳에는 똑같이 생긴 나무 문이 두 개 있었다.

"어떤 문으로 나가야 하지?"

다솜이의 투명창에 난데없이 글자들이 생겨났다.

> 왼쪽 문으로는 사마귀와 토끼, 지네가 지나갔습니다.
> 오른쪽 문으로는 뱀과 잉어, 가오리가 지나갔습니다.

"사마귀, 토끼, 지네? 그리고 한쪽은 뱀, 잉어, 가오리라고? 뭐야 이게?"

환이는 머리를 쥐어 싸매고 고민했다. 그러다가 한참만에 번뜩 생각해 냈다.

"이건 동물을 **분류**하라는 거야, 내 말이 맞지?"

"바로 그거야."

"좋았어. 사마귀, 토끼, 지네는 다리가 있어. 사마귀는 여섯 개, 토끼는 네 개, 지네는 엄청 많이. 뱀, 잉어, 가오리는 다리가 없잖아. 그럼 다리가 있냐, 없냐로 나눈 거야. 우리는 다리가 있으니까 왼쪽 문으로 나가야 해. 다솜아, 어때?"

환이가 팔짝팔짝 뛰면서 소리쳤다.

"아주 잘했어."

환이와 다솜이는 왼쪽 나무 문을 힘껏 열었다. 문 바깥에는 벽돌로 된 돌다리가 넓은 강물 위에 놓여 있고, 돌다리 앞으로는 여러 동물들이 우글우글 모여 있었다. 심지어 물에 사는 해파리, 돌고래도 있었다. 다들 숨을 헐떡거리고 있었다. 돌다리 건너편으로는 나무 문이 활짝 열려 있었는데, 문 안쪽은 몹시 평화로워 보였다.

> 교과서 세상이 무너져서
> 동물들이 살던 곳에서 뛰쳐나왔습니다.
> 동물들을 살던 곳으로 모두 돌려보내면
> 다음 페이지로 이동할 수 있습니다.

"헉, 이 많은 동물을 다?"

"빨리 시작해."

다솜이가 재촉했다. 휘이잉 소리를 내면서 문 안쪽에서 갑자기 모래바람이 불어왔다. 평화로웠던 풍경이 모래가 쌓여 있는 사막으로 바뀌어 있었다. 그리고 투명창에 문제가 떠올랐다.

"낙타는 혹이 있어서 며칠 동안 물과 먹이가 없어도 산댔어. 모래에 빠지지 않게 다리도 길고, 발바닥이 넓고 말이야."

낙타들이 우르르 돌다리를 건너서 문에 발을 디뎠다. 그러자 낙타들이 문 너머로 감쪽같이 사라졌다.

"사막 여우도."

다솜이가 말했다.

"그래. 사막 여우는 귀가 커서 열을 빨리 식히기에 좋겠어."

환이는 동물원에서 봤던 사막 여우가 생각났다. 사막 여우는 환이의 말이 떨어지기가 무섭게 돌다리를 건너서 문으로 들어갔다.

"다솜아, 또 뭐가 있어?"

"사막 도마뱀."

"도마뱀? 그럼 혹시 사막에 사는 뱀도 있나?"

"당연히 있지."

사막에 사는 뱀과 도마뱀도 돌다리 너머 문 속으로 사라졌다.

"음, 갈매기도?"

하지만 갈매기들이 날아서 문으로 들어가려 하자, 돌다리의 구석부터 우수수 벽돌이 떨어져 내렸다.

"으아, 갈매기는 아니네?"

환이는 당황한 나머지 식은땀이 흘렀다.

> **바다는 헤엄을 치거나 한 자리에 붙어 있는 동물들이 삽니다.
> 바다로 돌아가야 할 동물들은 누구일까요.**

"바다는 쉽지. 돌고래, 오징어, 해파리, 불가사리, 바다거북!"
다행히 돌고래, 오징어, 해파리, 불가사리, 바다거북 모두 문 너머 바다로 돌아갔다. 하지만 그것도 잠깐이었다. 아까 틀리는 바람에 부서져 내린 돌다리가 점점 무너지고 있었다. 문 안쪽은 어느새 겨울이 되어 얼음이 뒤섞인 차가운 눈보라가 불어왔다.
"저긴 어딘데?"
"극지방이야."

> **남극과 북극은 눈과 빙하로 덮여 있어서 몹시 추워요.
> 추위를 견디지 못하는 동물은 살아갈 수 없지요.
> 극지방에서도 살 수 있는 동물은 누구일까요.**

"그럼 남극이나 북극에 사는 동물을 분류하라는 거네. 음, 펭귄, 북극곰, 그리고 음, 음, 또 뭐가 있지?"
"바다코끼리."
"맞다, 바다코끼리. 음, 또 교과서에서 봤는데, 뿔 달린 돌고래 말이야."

"일각돌고래."

다솜이가 척척 대답해 준 덕분에 일각돌고래, 펭귄, 북극곰, 바다코끼리 모두 살던 곳으로 무사히 되돌아갔다. 남은 건 환이와 다솜이뿐이었다. 다솜이의 투명창에 글자들이 나타났다.

> 축하합니다. 동물들을 구해 내 마법의 물병을 얻었습니다.

환이 손에 투명하고 조그만 물병이 생겨났다. 물병은 물이 가득 차 있었고 반짝반짝 빛났다.

"어, 잘됐다. 이걸로 화분에 물을 주면 되겠어."

환이가 화분으로 물병을 기울이자 물이 몇 방울 떨어졌다. 화분은 신비한 빛을 내뿜더니, 전에 있던 싹 옆에 커다란 잎이 쑥 나왔다.

"우아, 신기하다. 새로운 잎이 나왔어."

"떡잎과 본잎."

"처음 떡잎이 나고, 이게 본잎이구나. 물을 줘서 자란 거야?"

"마법의 물병."

다솜이가 고개를 끄덕이며 말했다.

"우린 이제 어떻게 나가?"

다솜이가 머리 위를 가리켰다. 투명창에 문제가 나타났다.

> **다음 중 강을 건너기 위해 필요한 것은 어느 것일까요.**
> ❶ 발가락 사이에 얇은 막이 있는 오리 발 물갈퀴
> ❷ 사물에 붙였다 뗐다 할 수 있는 문어의 빨판
> ❸ 오랫동안 물과 먹이가 없어도 살 수 있는 낙타의 혹

"어, 빨판인가? 혹? 아니면 물갈퀴?"

잠시 머뭇거리던 환이가 강을 한번 봤다가 문제를 다시 봤다.

"강이니까 물에 사는 오리가 낫겠지? 좋아, 오리 발 물갈퀴!"

환이가 큰 소리로 외쳤다. 발밑에서는 야옹거리는 소리와 함께 언제 나타났는지 미오가 환이의 다리에 머리를 비비고 있었다.

"앗싸, 미오 네가 나타났다는 건 내가 문제를 맞혔다는 거지?"

환이가 히히, 하고 웃었다. 어느새 환이와 다솜이 손에는 투명한 막이 생겨나 있었다.

"웬 물갈퀴지? 헤엄이라도 치라는 거야?"

말이 끝나기 무섭게 환이는 거센 물살에 휩쓸려 버렸다. 그리고 강기슭에 서 있는 검은 그림자가 둘을 말없이 지켜보고 있었다.

꼬리에 꼬리를 무는 어휘 이야기 ④

우리가 방금 만난 바다, 숲, 극지방, 사막 등에 사는 동물 말고도 하천이나 논, 연못 등에 사는 동물도 있어. 짚신벌레나 해캄 등이 바로 그런 동물이야. 이런 동물들은 몸집이 너무 작아서 크게 확대해서 관찰할 수 있는 도구인 현미경이 필요해.

현미경이 뭐냐고? **현미경**(顯微鏡)에서 현(顯)은 드러난다는 뜻이야. 미(微)는 작다는 뜻이고, 경(鏡)은 거울이란 뜻이야. 즉, 거울을 이용해서 아주 작은 걸 들여다보는 장치란 뜻이지.

현미경은 그 이름처럼 아주 작은 사물을 들여다볼 수 있도록 여러 복잡한 장치들로 구성돼 있어. 함께 살펴보자.

접안렌즈
접안(接眼)은 눈을 갖다 댄다는 뜻이야. 관찰자의 눈을 가져다 대는 렌즈니까 접안렌즈라고 부르지.

대물렌즈
대물(對物)은 물체에 가깝다는 뜻이야. 물체 가까이에서 상을 확대해 주니까 대물렌즈라고 불러.

조동 나사
조동(躁動)은 크게 움직인다는 뜻이야. 조동 나사는 물체의 초점을 큼직하게 움직일 때 쓰는 나사야.

미동 나사
미동(微動)은 아주 미세하게 조금씩 움직인다는 뜻이야. 미동 나사는 눈곱만큼씩 움직이는 나사를 말하는 거지.

현미경을 조작할 때는 먼저 조동 나사로 대충 초점을 맞춰. 그다음, 미동 나사로 미세하게 초점을 맞추지. 이름 그대로 기억하면 참 쉽지?

접(接)은 잇다는 뜻으로 접촉, 접선, 접속 등으로 많이 쓰여.

대(對)는 마주한다는 뜻으로 상대에게 하는 대답, 사물을 비교하는 대조에 쓰여.

미(微)는 작다는 뜻으로 미세라는 단어 많이 들어봤지?

조(躁)는 급하다는 뜻으로 참지 못하고 몹시 조급하다고 할 때 쓰여.

해캄은 초록색으로 된 식물이지만, 보통 식물처럼 뿌리, 잎, 줄기가 없어. 짚신벌레는 식물이 아니지만, 보통 동물처럼 귀, 코, 입 같은 감각 기관이 없어. 우리 눈에 잘 띄지 않을 정도로 작은 생물이라 모두 현미경으로 관찰해야만 자세히 볼 수 있어.

이런 작은 생물을 **원생생물**이라고 불러. 연못이나 하천에 사는 원생생물 말고도 바다에 사는 원생생물도 있어. 김, 다시마, 미역 등이 바로 바다에 사는 원생생물이야. 그런가 하면 곰팡이와 버섯 같은 생물도 있어. 곰팡이는 눈에 잘 띄지 않을 정도로 작아.

곰팡이와 버섯이 균이라니.

버섯

곰팡이

　이보다 더 작은 생물에는 균류가 있어. 대표적인 게 **세균**(細菌)이야. 세(細)는 작다는 뜻이고, 균(菌)은 병균을 뜻하는 말이야. 세균은 이름 그대로 작은 균이란 뜻이지. 너무 작아서 우리 눈에는 전혀 보이지 않지만, 우리가 생활하고 있는 모든 곳에 세균이 살고 있어. 손바닥, 눈썹, 귓구멍 등 어디든 말이야. 세균을 보려면 더욱 정밀한 현미경이 필요해.

물은 땅을 변화시키지

환이와 다솜이는 간신히 물가로 떠밀려 왔다.

"으, 다 젖었어."

환이의 몸에서 물이 뚝뚝 떨어졌다. 다솜이는 언제 그랬냐 싶게 물기 없이 말짱했다. 환이는 손에 들린 화분을 내려다보았다. 배추도 다솜이도 아무렇지 않았다. 환이만 물에 빠진 생쥐 꼴이었다.

다솜이의 투명창에 문제가 나타났다.

"벌써 문제야? 강물에서 나오자마자 문제를 풀라는 거야?"

환이는 흥분한 나머지 눈이 동그래졌다. 투명창을 보지 않으려 등을 돌렸지만 이내 포기하고는 문제를 읽었다.

> 위대한 개척자님,
> 문제를 맞히면 30금화를 획득하여 다음 페이지로
> 이동할 수 있습니다. 다음 중 강물에 의한 작용을
> 바르게 짝지은 것은 어느 것인가요.
>
> ❶ 상류-운반 작용   ❷ 중류-침식 작용   ❸ 하류-퇴적 작용

"운반, 침식, 퇴적, 이게 다 무슨 말이야. 난 하나도 모르겠는데?"

환이는 눈을 가느다랗게 뜬 채 뭔가 곰곰이 생각했다.

"다솜아, 미안하지만 이번 문제는 그냥 틀릴래. 내가 물에 떠 내려오느라 아주 피곤하거든. 아이고, 힘들어."

환이는 물가에 벌렁 드러누워 버렸다. 다솜이의 투명창에 글자가 나타났다.

> 문제를 맞히지 못하면 되감기를 하게 됩니다.

"쳇, 하나도 안 무섭다. 힌트도 안 주면서 뭘."

투명창에서 숫자가 카운트다운 되었지만, 환이는 어깨를 으쓱 하고는 끝이었다.

"카드를 잘 봐."

다솜이가 혀를 끌끌 차면서 말했다.

"뭐어? 무슨 카드?"

순간, 사방에서 요란하게 삐비비빅, 소리가 났다. 환이는 순식간에 강물에 빠졌던 처음 그때로 돌아갔다.

"으아아아! 자, 잠깐, 잠깐! 이 되감기였어?"

환이는 소리치면서 강물을 떠내려오고 강기슭에서 거대한 카드 몇 장을 지나쳐서 물살에 떠밀려 오는 과정을 되풀이했다.

다솜이는 하품을 하면서 이 모든 과정을 구경했다. 환이가 물가에 도착하자 다솜이의 머리에 투명창이 다시 떠올랐다.

강물에 의한 작용을 말하세요.

"뭐야, 왜 문제가 바뀐 건데?"

숫자가 카운트다운 되기 시작했다.

"알았어, 알았어. 일단 하류, 하류는 강물이 느려지면서 흙이나 물질이 쌓인 댔어. 이걸 뭐라고 하지? 아, 퇴적 작용."

환이는 물을 뚝뚝 떨어뜨리면서 간신히 답을 말했다. 물론 환이가 강물에 떠내려오면서 모든 카드를 한 번에 다 읽기란 무리였다.

상류
강의 위쪽을 말합니다. 물의 흐름이 빨라 침식 작용이 잘 일어납니다. 침식 작용이란 주변의 땅이 깎이거나 패이는 걸 말합니다.

중류
강의 중간 부분입니다. 많은 양의 물이 흐르기 때문에 흙도 함께 떠내려오는 운반 작용이 일어납니다.

하류
강의 끝부분입니다. 물의 흐름이 약해져서 운반하던 땅이나 물질도 더 이동하지 못하고 쌓입니다. 이걸 퇴적 작용이라고 부릅니다.

> **시간이 초과되어 되감기를 하겠습니다.**

"안 돼애애애!"

환이는 강물에 다시 던져졌다. 으아아아, 하는 외마디와 함께 물에 빠지고, 다시 강기슭의 카드를 지나쳐서 물가로 나오기까지 한참이 걸렸다. 다솜이는 지루한지 꾸벅꾸벅 졸기까지 했다.

> **강물에 따라 주변 땅의 모습은 어떻게 달라지……**

이번에는 문제가 채 다 나오기도 전에 환이가 답을 말했다.

"내가 방금 다 봤거든. 상류는 물살이 빨라. 물이 빠르니까 돌이나 흙이나 이런 것도 다 깎여 내려가. 그걸 **침식 작용**라고 하지. 하류보다 강폭도 좁고 바위가 많았어. 중류는 물이 점점 많아지면서 물에 흙이나 다른 물질들이 함께 떠내려가기 시작해. 물이 옮겨 주는 거니까 **운반 작용**이라고 하는 거야. 마지막으로는 **퇴적 작용**인데, 이건 강의 끝부분에 오면 물이 천천히 흐르게 되니까, 흙 같은 게 차곡차곡 쌓여. 그건……"

환이는 눈을 감고 빠르게 말했다.

"음, 하류는 상류보다 폭이 넓고, 경사도 완만하고, 음, 음, 모래도 많지. 어때, 이제 됐냐, 됐어?"

> **축하합니다.**
> **문제를 맞혀서 금화를 획득했습니다.**

금화들이 쪼르르 다솜이의 투명창으로 빨려 들어갔다.

"애고, 힘들어."

환이는 다시 모래밭에 드러누웠다. 다솜이와 환이는 함께 누워서 하늘을 바라보았다. 파란 하늘에 새하얀 구름이 뭉게뭉게 떠 있었다.

"하아, 힘들어. 이게 웬 고생이야."

"잘했어, 환아."

다솜이가 위로해 주었지만, 자신과 달리 뽀송한 다솜이를 보자 환이의 눈이 가느다래졌다.

"왜 나만 이렇게 고생하는데."

"모두 네 잘못."

"으휴, 물어본 내가 잘못이다. 그나저나 여기에서 또 어떻게 빠져나가지?"

> **수수께끼를 풀면 탈출 도구가 나타납니다.**

"수수께끼면 그래도 괜찮은데? 물에 빠지는 것보다는 낫지."
"응. 당연하지."

> 이들은 삼 형제예요.
> 첫째는 담는 그릇에 따라 모양이 변해요.
> 둘째는 옮겨 담아도 변하지 않아요.
> 손으로 만질 수도 있고, 잡을 수도 있지요.
> 셋째는 공간은 차지하고 있지만,
> 보이지도 않고 잡히지도 않아요.
> 이들 삼 형제는 누구일까요.

환이는 문제를 읽자마자 한숨이 나왔다.
"뭐가 이렇게 어려워……. 다솜아, 힌트 좀 줘."
"물질의 상태."
"쓰읍, 물질의 상태라면……. 음, 어디서 들어 본 것도 같은데……."
환이는 투명창을 빤히 쳐다보았다.

"담는 그릇에 따라 모양이 달라진다면 혹시 물이나 주스 같은 건가? 음, 그럼 액체?"

"응. 액체 맞아."

"첫째는 액체고, 둘째는 그럼, 만질 수 있으니까 고체? 선생님이 고체는 딱딱한 거랬잖아."

"좋아. 잘했어."

"그럼 마지막 하나는, 알겠다. 기체!"

다솜이의 투명창에 설명이 나타났다.

> 액체는 용기에 따라 모양이 변해요.
> 고체는 물체의 부피와 모양이 변하지 않아요.
> 공기 같은 기체는 눈에 보이지 않지만,
> 공간을 차지하고 있어요. 이동도 하고 무게도 있지요.

"앗싸, 내가 맞혔다."

> 온도가 올라가면 물질은 상태가 달라집니다.
> 고체는 녹아서 액체가 되고, 액체는 기체가 되지요.
> 기체가 되면 가벼워져서 위로 뜰 수 있게 돼요.

환이와 다솜이 앞에 거대한 열기구가 나타났다.

"우아, 다솜아, 나 이거 타는 거야? 열기구라니, 히히히."

환이는 열기구에 얼른 올라탔다. 물론 소중한 배추 화분도 함께였다. 열기구에는 이미 검은 고양이 미오가 타고 있었다.

"다솜아, 우리 다음 페이지로 이동하나 봐. 너도 얼른 타."

하지만 다솜이가 올라타기도 전에 열기구가 하늘로 올라가기 시작했다.

"안 돼. 다솜이도 타야 해. 다솜아! 다솜아!"

"이거 가져가."

다솜이가 아래에서 종이컵을 하나 던졌다. 종이컵에 가느다란 실이 매여 있었다.

"이건 종이컵 전화기잖아."

아래에서는 다솜이가 힘차게 손을 흔들고 있었다.

"이따가 만나."

다솜이의 목소리가 종이컵 전화기를 통해 들려왔다.

"네 목소리가 어떻게 들리는 거지?"

"소리의 전달."

> 소리는 다른 물질을 통해서 이동합니다.
> 가느다란 실 하나만 있어도
> 멀리까지 소리가 이동할 수 있지요.
> 이걸 소리의 전달 또는 소리의 이동이라고 해요.

다솜이의 머리 위에 뜬 투명창 글씨가 멀리서 반짝거렸다.

꼬리에 꼬리를 무는 어휘 이야기 5

지구의 표면은 매우 다양한 모습을 하고 있어. **표면**(表面)이란 **겉으로 드러나는 면**을 말하는데, 표면이라는 말에서 표(表)는 겉이란 뜻이고, 면(面)은 얼굴, 겉면 등을 말해. **땅의 표면**을 **지표면**(地表面)이라고도 부르는 까닭이지. 우리나라에서 볼 수 있는 지구 표면의 모습으로는 산, 들, 계곡, 폭포, 강, 호수, 갯벌, 해변, 바다 등이 있어.

표(表)에는 겉, 바깥, 같은 뜻이 있어. 표(表)가 들어간 단어들을 살펴보자.

표정(表情) : 얼굴에 드러난 감정
표식(表式) : 표시하는 일정한 방식
표시(表示) : 겉으로 드러남

앞서 살펴본 단어들을 비추어 볼 때 표현(表現)이란 어떤 뜻일지 짐작할 수 있겠지? 환이와 다솜이처럼 자신의 감정이나 생각을 자유롭게 표현하여 짧은 문장을 만들어 써 보자.

우리나라에서는 볼 수 없지만 세계 다른 나라에서는 사막, 빙하, 화산 같은 땅의 표면도 볼 수 있어. 우리나라에서는 겨울에만 춥기 때문에 겨울에 얼음이 얼지? 하지만 1년 내내 우리나라의 겨울보다 더 추운 곳도 있어. 지구의 극지방인 남극과 북극이지. 극지방에서는 빙하를 볼 수도 있어. 빙하(氷河)는 꽁꽁 얼어 있는 얼음이 조금씩 흘러가는 걸 말해. 빙(氷)은 얼음이란 뜻이고, 하(河)는 강물이야.

빙	하
氷	河
얼음	강, 물

겨울에는 너무 추워서 물이 얼어붙거나 꽁꽁 언 강을 쉽게 볼 수 있어.

우리 주변에는 얼음이란 뜻의 빙(氷)이 들어 있는 단어가 많아.

빙수(氷水) : 얼음을 눈처럼 갈고 팥이나 과일 등을 넣어서 먹는 음식
⋯▶ 팥을 넣으면 팥빙수, 과일을 넣으면 과일 빙수가 된다.

빙판(氷板) : 얼음이 깔린 길바닥
⋯▶ 꽁꽁 언 빙판에서 넘어졌다.

해빙(解氷) : 얼음이 녹아서 풀리는 것
⋯▶ 남한과 북한의 관계가 해빙되고 있다.

빙상(氷上) 경기 : 얼음판에서 하는 경기
⋯▶ 피겨 스케이팅은 빙상 경기이다.

서빙고(西氷庫) : 조선 시대에 얼음을 보관하던 서쪽 창고
⋯▶ 조선 시대에는 서빙고에서 얼음을 보관했다.

얼음이란 뜻의 빙(氷)이 들어간 단어에는 어떤 것이 있을까. 또 다른 단어를 찾아서 써 봐.

화석을 찾아라

열기구는 한참을 떠갔다. 앉은 채로 졸던 환이가 번쩍 눈을 떴다. 열기구가 파도가 철썩거리는 바닷가에 덩그러니 놓여 있었다. 멀리 둥그렇게 분화구가 패인 화산도 보였다. 화산에서는 희뿌연 수증기가 뿜어져 나오고 있었다. 미오도 사라지고 환이 혼자였다. 내내 함께였던 다솜이가 없으니, 환이는 허전했다.

지층이 겹겹이 쌓인 절벽에 글자들이 반짝거리면서 나타났다.

"지층이 꼭 샌드위치 같잖아. 아, 배고프다. 다솜이 만나면 맛있는 거 먹자고 해야지."

환이는 침을 꿀꺽 삼키면서 글자들을 읽어 내려갔다.

"무슨 문제가 나올지 몰라. 꼼꼼하게 읽어야 해."

> 지층은 여러 종류의 암석이 층을 이루고 있어요.
> 지층에서는 오래전에 살았던 생물이
> 돌처럼 굳어진 화석을 찾을 수 있습니다.
> **위대한 개척자님,**
> **도구를 이용해 화석을 캐시겠습니까.**
> **화석을 캐면 학습 도우미를 만날 수 있어요.**

문제를 확인하고 나자 환이의 손에는 붓과 망치 그리고 정이 들려 있었다. 손에 들린 물건들로 무엇을 해야할지 몰라 두리번거리던 환이의 눈에 반짝반짝 빛나는 땅바닥이 보였다.

"좋아. 다솜이를 다시 만나려면 빨리 화석을 캐야지."

환이는 쭈그리고 앉아서 딱딱한 땅을 망치와 정으로 깨고 부수었다. 붓으로는 흙을 몇 번이고 털어 냈다. 그러기를 얼마나 했을까. 드디어 작은 뼛조각들이 모습을 드러냈다. 환이는 뼛조각들을 한곳에 모았다. 어떤 것은 다리뼈, 어떤 것은 기다란 척추뼈, 또 어떤 것은 갈비뼈 같았다.

> **화석을 찾으셨군요!**
> **발굴한 뼈를 모두 조립하면 학습 도우미를 만날 수 있어요.**

"이걸 또 언제 맞춰."

조립을 하기도 전에 투덜댔지만 그래도 환이는 손재주가 좋았다. 한참을 조립하더니, 마침내 공룡을 만들어 냈다.

"짜잔, 내가 발굴한 공룡 화석 티라노사우루스다."

환이가 조립한 뼈다귀 공룡 위로 새하얀 파도가 와서 덮쳤다.

"앗, 내 티라노!"

환이가 바닷물이 휩쓸고 간 공룡 화석을 찾으려 모래밭을 뒤졌다. 그런데 어디선가 쿵쾅거리는 소리가 들려왔다. 어찌나 울림이 큰지, 부르르 떨리면서 부서져 내리는 지층도 있었다.

"어? 저게 뭐야?"

환이는 놀라서 눈이 동그랗게 커졌다. 절벽만큼이나 커다란 공룡이 멀리서 달려오고 있었다. 그런데 뼈만 남은 뼈다귀 공룡이었다.

"저건 내가 방금 맞춘 거랑 똑같이 생겼는데……. 뭐야, 그 티라노잖아?"

파도가 삼킨 티라노사우루스가 뼈다귀 공룡이 되어서 달려오고 있었다. 게다가 뼈다귀 공룡 뒤로는 잠잠하던 화산이 기다렸다는 듯이 폭발을 시작했다.

"이게 다 뭐야. 다솜이라면 지금 어떻게 했을까. 생각을 하자,

생각을. 일단 공룡을 막을 수 있는 게 뭐가 있지?"

'공룡은 공룡으로.'

귓가에 다솜이의 목소리가 들려오는 것 같았다.

"맞아, 그거야. 공룡, 혹시 공룡 화석이 더 있지 않을까?"

환이는 방금 화석을 파낸 땅을 마구 파헤쳤다. 조그만 뼈들이 더 묻혀 있었다. 멀리서 요란한 소리를 내면서 붉은 용암이 마구 흘러내렸다. 사방에 뿌연 수증기가 피어오르고, 폭발을 시작한 화산에서는 쉴 새 없이 무언가가 뿜어져 나왔다.

> 화산이 폭발했을 때 나오는 분출물을 화산 분출물이라고 합니다. 화산 가스, 화산재, 용암, 화산 암석 조각 같은 걸 말하지요.

환이의 머리 위로 돌멩이들이며, 화산재가 마구 쏟아져 내렸다. 환이의 손이 더욱 빠르게 움직였다.

"하아, 다 맞췄다. 근데 익룡이잖아?"

환이가 실망한 나머지 조그만 익룡 화석을 바닷물에 휙 던졌다. 순간, 바다에서 휘이익, 소리를 내면서 빠르게 익룡이 솟구쳤다. 뼈다귀만 남은 익룡이었다.

"환아, 여기야. 여기."

뼈다귀 익룡을 타고 다솜이가 손을 흔들고 있었다.

"다솜아. 여기, 여기."

뼈다귀 티라노사우루스가 쿵쾅거리면서 환이에게 달려드는 순간, 다솜이가 탄 익룡이 간발의 차로 환이를 태우고 날아올랐다. 뼈다귀 티라노사우루스는 그대로 절벽에 가서 부딪쳤다. 방금까지 환이가 서 있던 자리였다. 지층이 마구 무너져 내렸다. 대부분 수평이긴 했지만, 지층은 저마다 두께나 색이 달라서 한눈에 같은 층이 어떤 것인지 구분할 수 있었다.

"뭐야, 박다솜. 걱정했잖아. 다신 못 보는 줄 알았어."

환이는 뼈다귀 익룡 위에서 땅이 무너지는 광경을 내려다보면서 몸을 부르르 떨었다.

"내 걱정도 다 하고."

"'내 걱정도 다 하고'라고? 이게 몇 글자야. 너 혹시 이제 일곱 글자로 말하게 된 거야?"

"응. 문제 풀어야지."

다솜이가 고개를 끄덕이면서 환하게 웃었다.

"만나자 마자 또 문제라니……."

"어서 집중해서 봐."

> 문제를 풀면 30금화를 획득할 수 있습니다.
> 지층은 대부분 퇴적암으로 되어 있어요.
> **퇴적물이 쌓여서 만들어진 암석인 퇴적암에는**
> **이암, 사암, 역암이 있습니다.**
> 이들 암석은 어떤 물질로 구성됐을까요.

"으아, 이건 너무 어려운데? 내가 그걸 어떻게 알아?"

환이의 말에 다솜이가 그럴 줄 알았다는 듯이 작은 돌멩이들을 보여 주었다. 자갈이 섞인 돌멩이, 까끌까끌한 모래가 섞인 돌멩이, 그리고 부드럽고 매끈한 돌멩이였다. 돌멩이에는 반짝거리는 글자들로 이름이 적혀 있었다.

"퇴적 작용 봤잖아."

"퇴적 작용이라면 강의 하류에서 일어나는 건데? 알았다. 그러니까 이 돌들이 퇴적 작용으로 만들어진 돌멩이라는 거구나?"

환이는 강물에 몇 번이고 빠져 허우적대던 상황과 강물에 섞여서 떠내려가던 퇴적물들이 생각났다. 강물에는 거친 자갈도 있었고, 더 잘게 부서진 모래도 있었고, 바닥에 가라앉은 진흙도 섞여 있었다.

"알겠다. 부드러운 돌멩이 이암은 진흙으로 만들어진 거야.

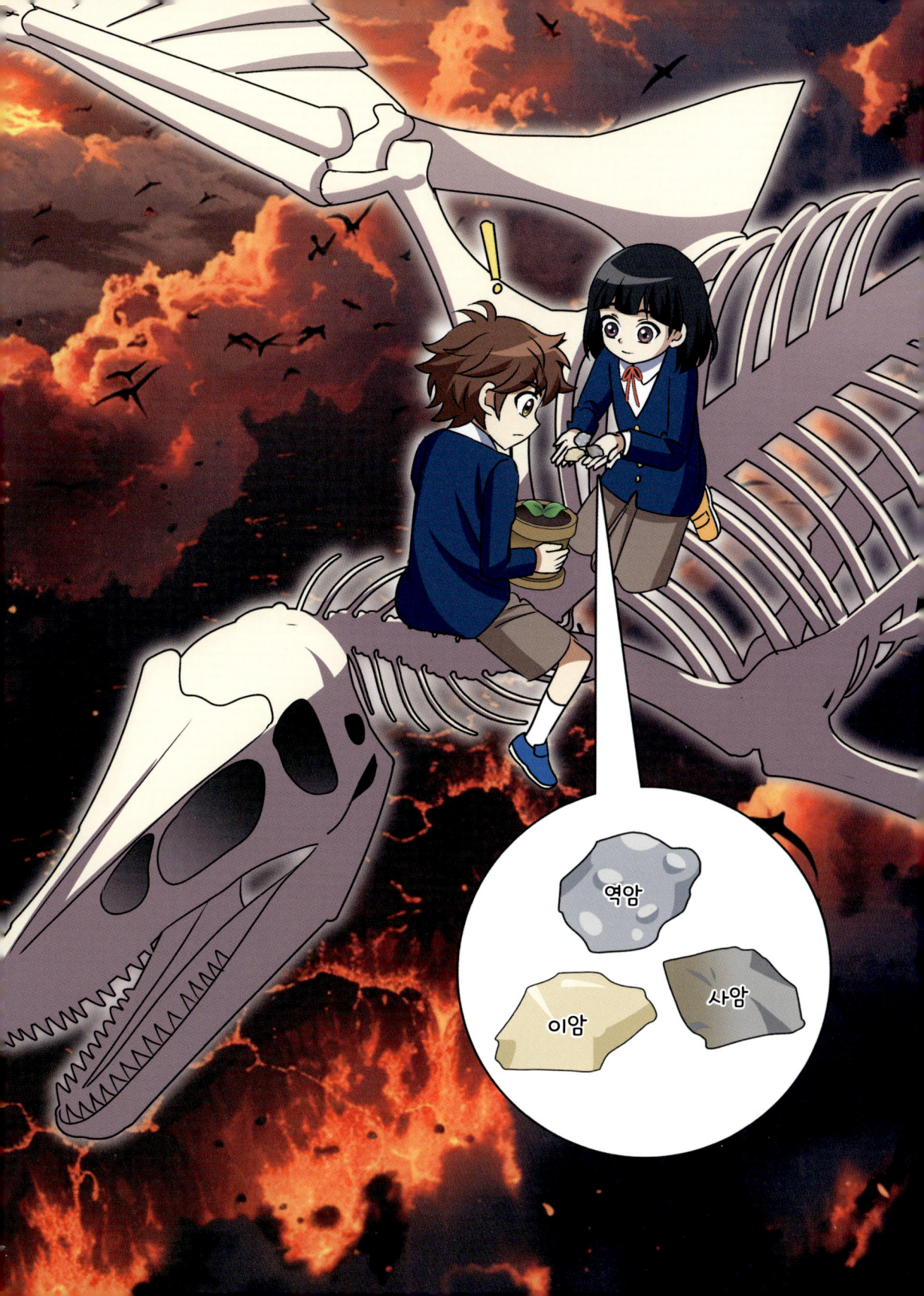

모래 알갱이들로 만들어진 건 사암이고, 마지막 역암은 자갈로 만들어진 거지."

> 문제를 맞혀 금화를 획득했으니,
> 다음 페이지로 이동할 수 있습니다. 다음 페이지로
> 넘어가기 전에 보너스 문제를 푸시겠습니까. 보너스 문제를
> 맞히면 금화를 사용해 마법의 물병을 채울 수 있습니다.

"보너스 문제? 좋지. 방금도 어려운 돌멩이 문제도 다 맞혔는데." 환이가 씩씩한 소리로 외쳤다. 기다렸다는 듯 투명창에 글자들이 나타났다.

> 화산이 폭발하면 다양한 분출물이 생깁니다.
> 이때 용암이 굳어서 암석이 되기도 하는데요.
> 지표면에서 만들어지는 현무암과 땅속부터
> 단단하게 굳어진 화강암 두 가지 종류가 있습니다.
> 다음은 어떤 돌로 만들어진 것일까요.

허공에 새카맣고 구멍이 뽕뽕 뚫린 돌하르방이 나타났다. 환이는 돌하르방을 만지작거렸다.

"으음, 이건 제주도 여행 갔을 때 봤던 건데?"

돌하르방은 구멍이 많아서 까끌까끌했다. 환이는 붉은 용암을 쏟아내는 화산을 내려다보았다. 사방이 온통 자욱한 수증기로 덮여 있었다.

"땅속에서부터 만들어진 화강암은 분명히 단단할 거야. 근데 이건 구멍이 이렇게 많이 뚫렸잖아? 혹시 공기가 빠져나간 거 아닐까? 그럼 혹시 현무암?"

환이가 고개를 갸우뚱거리면서 말했다.

"맞아. 아주 잘했어."

다솜이는 고개를 마구 끄덕였다.

"오, 맞았어?"

환이가 다솜이에게 질문하자마자 허공에서 금화가 짤랑거리면서 환이의 손으로 떨어져 내렸다. 둘은 금화가 수북이 쌓인 환이의 손을 들여다보았다.

"식물은 물이 생명."

다솜이의 말은 금화를 물로 바꾸라는 뜻이었다.

"좋아. 금화로 마법의 물병을 채울게."

환이의 말에 따라 허공에 나타난 마법의 물병에는 어느새 물이 채워져 있었다. 환이는 뚜껑을 열어서 떡잎에 몇 방울 떨어뜨렸다. 순간, 신비한 빛이 화분에서 뿜어져 나왔다. 화분이 투명하게 변하면서 떡잎 아래로 뿌리가 쭉쭉 뻗어져 나가는 모습을 보여 주었다.

"와, 우리 배추에 튼튼한 줄기도 생기고, 뿌리도 자라고 있어. 신기해."

"응. 식물의 한살이."

"동물에게도 한살이가 있고, 식물에게도 한살이가 있나 봐. 신기한데?"

"맞아. 바로 그거야."

다솜이와 환이는 서로 바라보며 기분 좋게 웃었다. 익룡은 강줄기를 따라 한참을 올라갔다. 위에서 내려다본 강가에는 모래 알갱이들이 반짝거리고 있었다. 익룡은 처음 환이가 타고 있던 열기구에 둘을 내려 주었다. 환이와 다솜이는 열기구로 옮겨 탄 뒤에 반대편으로 날아가는 익룡에게 손을 흔들어 주었다.

"잠깐, 궁금한 게 있어. 근데 강물에는 어떻게 저렇게 다양한 알갱이들이 섞여 있지?"

"**혼합물**이라 그래."

"강물이 혼합물이라고?"

"여러 물질의 혼합."

> 혼합물이란 두 가지 이상의 물질이
> 서로 다른 성질을 가진 채 그대로 섞여 있는 걸 말합니다.
> 대표적인 예로 흙탕물에는 모래 알갱이,
> 부드러운 진흙 알갱이, 단단한 자갈이 섞여 있습니다.

"그러면 설탕물은? 설탕물도 설탕하고 물이 섞여 있잖아. 설탕 맛도 그대로고, 물은 물대로고 말이야."

"응, 맞았어. 그거야."

"그럼, 바닷물도? 바닷물은 소금하고 물이 섞여 있잖아."

"응. 바닷물도 그래."

"아하, 알겠다. 그럼 달고나, 사과 주스 다 혼합물이겠네. 달고나는 설탕하고 소다, 사과 주스는 사과와 물, 오렌지 주스는 오렌지하고 물?"

"분리할 수도 있지."

"혼합물을 분리한다는 거지? 그럼, 바닷물을 끓이면 소금만 남겠네? 오오, 나 좀 잘 아는 것 같지 않아? 보너스 문제 한 번 더 해 볼까? 히히."

환이는 고민에 빠졌다.

"아, 못 맞히면 어쩌지? 음, 그래도 한 번 더 도전!"

> 보너스 문제에 다시 도전하시겠습니까.
> 맞히면 금화를 추가로 획득할 수 있습니다.
> 단, 이번에는 문제를 못 맞히면
> 이 페이지에 남아야 합니다.

환이와 다솜이 앞에 비커가 하나 나타났다. 비커에는 뿌옇게 흐린 강물이 들어 있었다. 그리고 주변에는 돋보기, 거름종이, 자석이 떠 있었다.

> **강물에서 철 가루를 분리하세요.**

"에엥? 강물에서 철 가루를 분리하라고?"

"응. 혼합물이잖아."

"혼합물은 성질을 그대로 갖고 있댔으니까, 철 가루의 성질이라면 혹시 자석에 붙는 걸 말하나?"

환이는 옆에 있는 자석을 들어서 비커 겉면에 갖다 댔다. 겉면에 갖다 댔는데도, 자석을 따라 철 가루들이 모여들었다.

"오오, 모였다. 모였어. 철 가루야!"

　환이가 좋아서 소리쳤다. 다솜이의 어깨에 미오가 어느새 나타나 있었다.

> 보너스 문제를 맞혀서 금화를 추가로 획득했습니다.
> 이제 다음 페이지로 이동하세요.

"와, 우리 다음 페이지로 이동하는 거지?"
미오가 야옹, 하고 울자 사방이 캄캄해졌다.

꼬리에 꼬리를 무는 어휘 이야기 ❻

땅속 깊은 곳은 지표면과 비교했을 때 온도가 매우 높아. 땅속에서는 단단한 바위인 암석이나 단단한 물질조차도 녹아서 물처럼 흐를 정도지. 이렇게 땅속에서 뜨거운 암석이 흐르는 걸 **마그마**라고 불러.

화산이 폭발하면 몹시 뜨거운 마그마가 밖으로 뿜어져 나와. 지표면을 따라서 마그마가 물처럼 흐르게 되는데, 이걸 바위가 녹아서 흐른다고 해서 **용암**(鎔巖)이라고 해. 땅속에 있으면 마그마, 밖으로 나와서 흐르면 용암이라고 부르는 것이지.

용암은 바위가 녹아 있는 것이기 때문에 지표면에서 공기와 만나서 식으면 온도가 내려가면서 다시 바위 상태로 돌아가게 돼. 땅속 깊은 곳에서 서서히 식은 암석은 **화강암**, 지표면에서 빠르게 식은 암석은 **현무암**이라고 부르지.

제주도에서 많이 볼 수 있는 돌하르방은 현무암으로 만들어졌어. 제주도에 있는 한라산이 바로 화산이거든. 지금은 활동을 멈추고 쉬고 있는 **사화산**이지만 말이야. 반대로 지금도 활동을 열심히 하는 화산을 **활화산**이라고 해. 활화산은 언제든 터질 수 있어서 위험하지.

우리가 경주에서 볼 수 있는 석굴암은 화강암으로 만들어졌어. 불국사 계단도 화강암으로 만들어졌고 말이야. 다음에 경주에 가면 한번 자세히 관찰해 봐.

화산(火山)은 불이 뿜어져 나오는 것처럼 보여서 불이란 뜻의 화(火)와 산(山)이란 뜻의 두 글자가 만나서 만들어졌어.

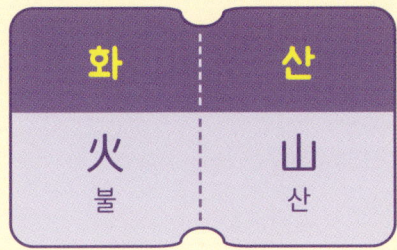

화	산
火	山
불	산

화산의 뜨거운 열기와 그 위력은 어마어마해.

우리 생활에서 화(火)라는 글자가 들어간 단어들을 살펴보자.

소화기를 사용해서 불을 껐다.
⋯ 소화기(消化器) : 불을 끄는 도구

산에는 화전을 일구어 살아가는 사람도 있다.
⋯ 화전(火田) : 불에 태워서 일구는 논이나 밭

화약은 다룰 때 특히 조심해야 해.
⋯ 화약(火藥) : 불에 닿아서 폭발을 일으키는 다양한 물질

오늘 외식은 화로구이에 가서 고기를 구워 먹으면 어때?
⋯ 화로(火爐) : 숯불을 담아 놓는 그릇

올림픽 성화를 봉송(귀한 물건을 조심히 운반하는 것)했다.
⋯ 성화(聖火) : 성스러운 불

올림픽 성화에 점화했다.
⋯ 점화(點火) : 불을 붙이는 것

명약관화(明若觀火) : 불 보듯 뻔하다.
어떻게 된 일인지 의심할 여지 없이 분명하다.

명	약	관	화
明	若	觀	火
밝다, 밝히다	같다, 똑같다	보다, 보이다	불

불타는 산이라는 뜻의 화산(火山)을 넣어서 마인드맵을 그려 봐.

다솜이의 무게를 재라고요?

이번에 도착한 곳에는 커다란 저울이 가득했다. 가정용 손저울, 용수철저울, 양팔 저울 등 다양한 저울들이 있었다. 모두 환이와 다솜이 키만 했다. 곧 다솜이의 투명창에 글자들이 나타났다.

> 위대한 개척자님,
> 저울 나라에 오신 것을 환영합니다.
> 저울은 지구가 끌어당기는 힘인 무게를 잴 때 쓰는 도구입니다.
> 이번 페이지에서는 무게를 정확하게 재면
> 금화를 획득하고 다음 페이지로 넘어갈 수 있습니다.

"무게 재는 건 하나도 안 어렵지. 좋아, 도전!"

환이는 웃으면서 고개를 끄덕였다.

"이번 건 좀 쉽다. 그렇지, 다솜아?"

다솜이에게서는 대답이 없었다.

"야, 뭐야. 왜 조용해. 아니, 이번엔 또 뭐야."

다솜이는 돌처럼 뻣뻣하게 굳어 있었다. 다솜이는 환이에게 무슨 말이라도 하려던 것처럼 입을 벌린 채 굳어 있었다.

> **주변에 있는 저울로 학습 도우미의 무게를 재세요.
> 기회는 세 번입니다.**

"세…… 번? 세 번 만에 다솜이의 무게를 재라고?"

환이는 머리를 쥐어뜯었다.

"으음, 그래도 양팔 저울은 무게 재기가 좀 쉽겠지?"

환이는 뻣뻣하게 굳어 버린 다솜이를 커다란 양팔 저울에 올리기 위해 다가갔다.

"내가 다솜이를 들 수 있을까?"

그런데 다솜이는 환이의 생각과 다르게 무척 가벼웠다. 다솜이를 한쪽 접시 위에 올려놓으니 양팔 저울은 다솜이 쪽으로 단번에 기울었다. 환이는 문득 운동장에서 아이들이랑 놀던 게 생각났다.

"그래. 시소랑 양팔 저울은 비슷하게 생겼잖아. 전에 운동장에서 시소를 탔을 때를 생각해 보자. 나하고 지우가 시소를 타면 지우 쪽으로 기울었지. 근데 지우랑 다솜이가 탔을 땐 다솜이 쪽으로 기울었어. 그러니까 지우는 나보다 무겁고, 다솜이는 지우보다 무거운 거지. 그렇다면 다솜이는……."

환이는 20kg 추를 두 개 들어서 반대쪽 접시에 올렸다. 추는 무게가 쓰여 있었지만 실제로 들어 보니 무겁지 않았다.

"좋았어. 그럼, 10㎏ 하나만 더 올려 보자."

환이가 10㎏ 추를 접시에 올려놓자, 순간 무게가 달아졌다. 다솜이 쪽 접시가 부우웅 소리를 내면서 위로 올라갔다. 추를 올려놓은 접시 쪽으로 확 기운 것이다. 동시에 사방이 부르르 떨리고, 바닥에 있는 벽돌이 부서져 내렸다.

"알았어. 다시, 다시!"

환이는 10㎏ 추를 재빨리 내리고, 대신 5㎏ 추를 올렸다. 그러자 접시가 흔들리면서 다솜이를 위로 밀어 올렸다.

> **두 번의 기회가 날아갔습니다.**
> **한 번의 기회가 남았습니다.**

"이게 마지막 기회야."

이것저것 한참을 만지작거리다가 환이는 고민 끝에 추 하나를 집어 들었다.

"제발 맞아라. 으으."

환이가 눈을 질끈 감고는 추를 저울에 올려놓았다. 저울에서 갑자기 빠바밤 하는 소리가 요란하게 터져 나오더니, 다솜이와 추가 있는 접시가 나란해졌다.

> 어느 한쪽으로도 기울지 않은
> 평평한 상태를 수평이라고 합니다.
> 양팔 저울이 수평이 되었다는 것은
> 위대한 개척자님이 무게를 알아냈다는 뜻입니다.
> 다음 문제를 풀면 금화를 획득할 수 있습니다.

"알았어. 빨리 문제 내 줘."

허공에 나무판자가 하나 나타났다. 나무판자에는 일정한 간격으로 번호가 적혀 있었다. 왼쪽부터 5, 4, 3, 2, 1, 가운데 받침

점에는 0이라고 씌어 있었다. 0부터 다시 오른쪽으로는 1, 2, 3, 4, 5가 적혀 있었다. 미오 인형은 왼쪽 4번에 놓여 있고, 오른쪽 4번에는 마법사 복장을 한 인형이 놓여 있었다. 판자는 마법사 인형 쪽으로 기울어 있었다.

"이 마법사는 내가 교과서에 그린 악당인데……. 흠……."

환이가 중얼거렸다.

나무판자가 수평이 되려면 어떻게 해야 할까요.

"음, 이건 마법사 인형이 무겁다는 거잖아. 그러면 가벼운 미오를 앞으로 이동하는 거야. 받침점 가까이 갈수록 무거워지니까."

환이는 미오 인형을 들어서 앞쪽 2번으로 이동시켰다. 미오 인형에서 손을 떼자 수평이 맞춰졌다.

"환아, 진짜 잘했어."

순간, 굳어 있던 다솜이가 몸을 부르르 떨고는 말했다.

"저게 **수평 잡기**야."

"수평 잡기?"

"**무게 재기의 원리.**"

환이의 입에서 짧은 한숨이 터져 나왔다.

"하아, 무게 재기의 원리고 뭐고, 나 간신히 풀었어."

> 문제를 맞혀서 금화를 획득했습니다.
> 축하합니다.
> 다음 페이지로 이동할 수 있게 됐습니다.

금화들이 다솜이의 투명창으로 쪼르르 빨려 들어갔다. 그때 야옹, 하고 소리를 내면서 나무판자 위에 있던 미오가 뛰어내렸다. 그새 인형이 아닌 진짜 고양이로 변한 미오였다.

"박다솜, 너 다음부턴 어디 가면 안 된다. 돌이 돼도 안 되고. 알겠지?"

환이가 잔소리하는데 다솜이는 바닥만 빤히 쳐다보고 있었다.

"그림자가 없잖아."

환이의 눈이 동그래졌다. 정말로 다솜이의 그림자가 없었다. 환이의 그림자는 있는데, 다솜이 그림자만 없었다.

"뭐야. 왜 다솜이 그림자가 없어졌지?"

순간 주변이 갑자기 새하얘졌다. 마법사 복장을 한 인형이 멀리서 아이들을 지켜보며 빙긋이 웃고 있었다.

지구는 지구 위에 있는 모든 물체를 끌어당기고 있어. 이 힘의 크기를 **무게**라고 하지. 몸무게가 60㎏이란 건 지구가 60㎏의 힘만큼 끌어당기고 있다는 뜻이고, 몸무게가 30㎏이란 건 지구가 30㎏의 힘만큼 끌어당긴다는 뜻이야. 이때 무게를 정확하게 측정하는 도구가 바로 **저울**이야.

인류는 저울을 언제부터 썼을까? 놀랍게도 고대 이집트 18왕조에서도 저울을 사용했다고 해. 기원전 14세기에 그려진 벽화에 저울이 기록되어 있는 거야. 정말 놀랍지 않니?

이뿐만이 아니야. 그리스 로마 신화에 나오는 정의의 여신은 눈을 가리고 한 손에는 칼을, 다른 한 손에는 저울을 들고 있어. 손에 저울을 들고 있다는 것은 그만큼 공정하게 판단하겠다는 뜻이지. 이처럼 저울은 우리 인류가 아주 오래전부터 사용해 왔던 도구인 거야.

수평 잡기의 원리를 이용하면 저울을 더 잘 이해할 수 있어. **수평**(水平)은 어느 쪽으로도 치우치지 않고 물의 표면처럼 평평한 상태를 말해. 양팔 저울이 어느 쪽으로도 기울어지지 않은 상태를 수평이라고 하는 것도 그래서야.

평(平)에는 고르게 하다, 평평하게 하다, 같은 뜻이 있어. 평(平)이 들어간 단어들을 살펴보자.

평형(平衡) : 사물이 한쪽으로 기울지 않고 안정을 이루다
평균(平均) : 여러 사물의 질이나 양을 고르게 하다
평균대(平均臺) : 평평하고 반듯한 받침대

평(平)이란 글자가 들어가는 단어는 대부분 '평평하게 하다, 고르게 하다'라는 뜻이 있다고 보면 돼.

음, 그럼 공평하다는 건?

공평(公平)하다는 것도 마찬가지지. 어느 쪽으로도 치우침이 없는 상태를 공평하다고 하는 거니까.

으으음, 하나님은 공평하신 것 같아. 넌 공부도 잘하고 아는 것도 많지만 달리기는 못 하잖아. 히히히. 나 잡아 봐라.

으이구, 못 말려.

공평무사(公平無私) : 공평하고, 개인적인 사사로운 마음이 없다.

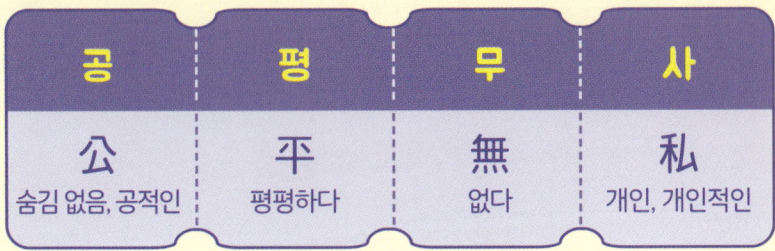

반대말을 찾아서 선으로 이어 봐.

공정(公正)
공평하고 올바름

불공평(不公平)
공평하지 않다.

공평(公平)
치우침이 없음

불공정(不公正)
공정하지 않다.

저울은 무게를 재는 기구야. 달걀처럼 작은 물체부터 사람처럼 커다란 물체까지 모든 무게를 잴 수 있지. 사람의 몸무게는 **체중(體重)**이라고 부르고, **중량(重量)**은 물체의 무게를 일컫는 말이야.

체중(體重) : 몸무게   **중량**(重量) : 물체의 무게
체중계(體重計) : 몸무게를 재는 저울

다솜이의 일기

오늘은 아이들 몰래 몸무게와 키를 재러 보건실에 갔다.

체중이 전보다 조금 늘어 있었다. 옷의 **중량** 때문인가?

얼른 **체중계**에서 내려오는데,

갑자기 밖에서 환이 목소리가 났다.

문을 열고 보니, 이럴 수가.

환이 옆에 보람이도 있었다. 보람이를 보자마자

나도 모르게 얼굴이 새빨개졌다.

환이는 내 몸무게를 다 봤다며 킥킥거렸다.

그림자가 사라졌어요

쨍하니 눈부신 하얀 방에는 다솜이와 환이가 덩그러니 서 있었다. 그리고 밝게 빛나는 이동식 전등 하나와 맞은 편에는 깨끗한 벽이 있었다. 환이는 그림자가 있고, 다솜이는 그림자가 없어서 어딘지 모르게 기이한 느낌이 들었다.

> 빛은 앞으로 곧게만 나아갑니다. 옆으로 꺾거나 돌아갈 수 없어요. 빛이 직진하다가 투명하지 않은 물체를 만나면 더 이상 직진할 수 없어서 그림자가 생깁니다.

"갑자기 뜬금없이 왜 그림자 타령이야."

환이가 중얼거렸다.

> 위대한 개척자님, 학습 도우미의 잃어버린 그림자를
> 되찾아 주시겠습니까. 그림자를 되찾으면
> 금화를 획득하고 다음 페이지로 이동할 수 있습니다.

"다솜아, 뭐 그림자 같은 건 없어도 괜찮지 않아?"

환이가 몸을 배배 꼬면서 웃었다.

"배추에 물 줘야지."

다솜이가 손가락을 까딱거리면서 배추 화분을 가리켰다. 그새 배추가 시들시들 말라 가고 있었다. 배춧잎을 맛있게 갉아 먹던 애벌레도 가만히 웅크리고 있었다.

"어휴, 알았어. 찾으면 되잖아. 그림자."

말이 떨어지기가 무섭게 벽에 그림자 문제가 나타났다.

"오른쪽에 손잡이가 있으니까, 이거?"

환이는 자신 있게 1번 그림자 앞에 섰다. 반짝반짝 빛나는 금화가 허공에서 짤랑거리면서 떨어져 내렸다. 금화는 다솜이의 투명창으로 쪼르르 빨려 들어갔다.

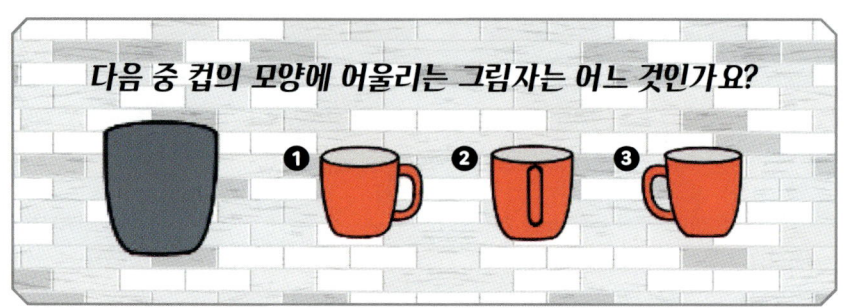

"이번 건 왜 손잡이가 없지?"

"그림자에 가렸어."

다솜이가 턱 끝을 치켜들었다.

"알겠다. 손잡이가 그림자에 들어 있으니까 그럼 이거야."

환이는 2번 컵 모양을 가리켰다. 금화가 짤랑짤랑하며 허공에서 떨어지더니, 투명창으로 쪼르르 빨려 들어갔다.

위대한 개척자님의 그림자로 방을 덮으세요.

"뭐어? 그림자로 어떻게 이 큰 방을 덮어? 그게 말이 돼?"

다솜이는 빙긋이 웃었다.

"그림자는 가능해."

다솜이가 전등 앞으로 갔다가 뒤로 갔다가 해 보였다. 그러나 다솜이에게는 그림자가 없어서 아무런 변화가 없었다. 다솜이가 뭘 하는 건지 알 수 없던 환이가 고개를 갸우뚱거리다가 아하, 하고 소리쳤다.

"알았다, 알았어. 전등 가까이 가면 그림자 크기가 달라지는 거구나?"

환이는 전등 가까이에 갔다. 그림자가 진해지면서 크기가 작아졌다. 환이는 이번에는 반대로 전등에서 점점 멀어졌다. 그림자는 연해지면서 크기가 점점 커졌다. 환이가 전등에서 한참 떨어지자, 그림자가 방을 크게 뒤덮었다.

"앗싸, 내가 해냈다."

환이가 소리쳤다. 곧이어 다솜이에게도 그림자가 생겨났다.

"그림자가 생겼어."

다솜이 목소리가 생기 있게 들렸다.

"우아, 다솜이 그림자도 돌아왔다."

환이가 좋아서 소리쳤다.

> 문제를 모두 맞혀서 금화를 획득했습니다.
> 다음 페이지로 이동할 수 있습니다.
> 금화를 바꿔 화분에 마법의 물을 주시겠습니까.

"응. 줄게."

환이는 금화를 바꿔서 화분에 물을 주었다. 그런데 애벌레는 몇 번 잎을 갉아 먹고는 더는 움직이지 않았다.

"뭐야, 왜 잎을 안 먹는 거지? 설마 죽은 건 아니겠지?"

환이가 발을 동동 굴렀다.

"번데기가 될 거야."

애벌레가 눈에 띄게 움직임이 줄어든 이유가 있었다. 애벌레는 번데기가 될 준비를 하고 있었다. 다솜이와 환이가 걱정스러운 눈으로 화분을 들여다보는 사이, 투명창에 문제가 하나 더 나타났다.

> 보너스 문제입니다.
> 이것은 빛이 앞으로 곧게 나아가다가 물체를 만나면 꺾여서 반사하는 성질을 이용해서 만들었습니다. 이것을 이용하면 뒤에 있는 사람을 볼 수도 있고, 치과에서는 잘 보이지 않는 입의 안쪽도 들여다볼 수 있지요. 이것은 무엇일까요.

"알쏭달쏭하다. 수수께끼 같네?"

환이는 잠깐 생각에 잠겼다.

"치과에서도 쓸 수 있고, 뒤에 있는 사람도 볼 수 있다면 음……. 거울?"

환이의 말에 다솜이의 표정이 밝아졌다. 곧이어 둘이 있던 공간의 벽이 온통 투명해졌다. 다솜이와 환이가 투명해진 벽을 바라보며 환하게 웃었다. 투명한 벽 너머에는 물이 가득 찬 것처럼 찰랑거렸다. 그리고 빛이 환이와 다솜이를 향해 오다가 물을 만나는 순간 꺾여 방향을 바꾸었다.

"어라, 빛이 물을 만나는 순간 꺾이잖아?"

"빛이 굴절된 거야."

다솜이는 빛이 꺾이는 부분을 손으로 가리켰다.

"음, 빛은 직진하는데 거울을 만나면 더 못 가고 반사되는 거지? 그리고 물처럼 다른 물질을 만나게 되면 방향이 꺾이는 굴절이 일어나는 거고."

환이는 말을 하다가 말고 주변을 두리번거렸다.

"무지개다. 다솜아, 무지개가 떴나 봐."

머리 위 투명한 유리 천장에서 밝은 빛이 비치고 있었다. 이 밝은 빛이 유리 천장을 지나면서 여러 빛깔로 아름답게 흩어지고 있었다. 아름답고 신비한 무지개가 떠 있는 것 같았다.

> 햇빛이 프리즘을 통과할 때 빛깔별로 꺾이는 정도가 달라서 다양한 색깔로 나타나게 됩니다. 빗방울이나 유리, 건물 내부 장식 등에서도 빛의 색깔을 확인할 수 있지요.

다솜이가 무지개 빛을 두 손 가득 담아 보았다.

"이것도 굴절이지."

우아, 하는 소리가 환이 입에서 저절로 터져 나왔다. 방금 배운 빛의 굴절이 이렇게나 아름답게 쓰일 줄은 몰랐다.

"와, 정말 신기하다. 빛의 굴절을 이용하면 내가 무지개를 만들어 낼 수 있다는 거잖아?"

"그것뿐이 아니야."

다솜이가 구석에 있는 두 개의 렌즈를 가리켰다. 하나는 가운데가 볼록했고, 하나는 가운데가 오목했다. 다솜이가 볼록 렌즈로 환이의 손바닥을 비추자, 환이 손바닥이 동그랗게 부풀 듯이 커져 보였다.

"이렇게 가운데가 볼록하면 빛이 볼록한 부분을 지나는 거랑 얇은 곳을 지나는 게 다를 거 아니야. 그럼 빛이 굴절되니까 여기, 이곳 한가운데에 모이겠네?"

환이 입에서 아하, 하는 소리가 다시 터져 나왔다.

"다솜아, 이건 우리 과학실에서 갖고 놀던 그 돋보기잖아?"

"이게 **볼록 렌즈야.**"

"정말 신기하다. 이렇게 가운데가 볼록한 돋보기도 다른 게 아니라 **빛의 굴절을 이용해서 만든 거였어.**"

"현미경도 그렇지."

원생생물을 관찰할 때 썼던 현미경도 바로 그 볼록 렌즈를 이용해서 물체를 커다랗게 보는 도구였다.

"그럼 물방울도 볼록 렌즈처럼 보이는 거야?"

환이는 빛이 굴절되는 원리가 생활 곳곳에서 쓰이고 있다는 것을 알고 나니, 신기하고 재미있었다. 다솜이는 환이가 들고 있는 마법의 화분을 볼록 렌즈 앞에 세웠다. 반대쪽 벽에 거꾸로 된 화분의 상이 맺혔다.

"이건 꼭 사진기 같은데?"

"응. 간이 사진기지."

간이 사진기를 만드는 원리도 볼록 렌즈를 이용하는 것이었다.

"와, 다솜아. 나 여기에서 신기한 거 정말 많이 배웠어. 빛이

 똑바로 나아가는 원리를 이용하면 반사, 굴절, 모두 만들 수 있는 거야. 그걸 이용하면 사진기도 만드는 거고 말이야."
 그때 미오가 환이 다리에 머리를 비비면서 야옹거렸다. 사방에서 철커덕철커덕 소리가 나더니, 투명한 벽은 어느새 전혀 다른 모습이 되어 있었다. 주변이 온통 새카맣고 아무 소리도 들리지 않았다.

빛은 항상 **직진**(直進)하기 때문에 앞에 투명하지 않은 물체가 있으면 그림자가 생겨. 빛이 더 못 나아가기 때문이지.

직(直)에는 곧다, 바르다, 같은 뜻이 있어. 직(直)이 들어간 단어들을 살펴보자.

직진(直進) : 앞으로 똑바로 나아가다
직각(直角) : 두 직선이 만나서 이루는 90도의 각, 휘거나 굽은 부분이 없다
수직(垂直) : 수평에 대해 직각을 이룬 상태

만약 투명하되 물질의 성질이 다를 때는 직진을 하지는 못하니까, 빛이 꺾이게 되는데 이걸 **굴절**(屈折)이라고 해. 굽히다라는 뜻의 굴(屈)이라는 말과 꺾다라는 뜻의 절(折)이란 말이 붙어서 만들어진 단어야. 말 그대로 굽어지고 꺾인다는 뜻이야.

굴(屈)은 굽히거나 굽는다는 뜻이 있기 때문에 쓰이는 단어들도 부정적인 느낌이 드는 단어가 많아.

비굴(卑屈) : 용기가 없고 비겁함
굴욕(屈辱) : 남에게 억눌리고 업신여김을 받음
굴복(屈伏) : 머리를 숙이고 엎드림

 조선 시대에 병자호란이라는 전쟁이 있었어.
조선이 청나라에게 졌는데, 무슨 일이 있었게?

음, 임금님이 사과했나?

 비슷해. 조선의 인조 임금은 청나라의 황제에게
엎드려서 머리를 숙이지.

와, 되게 속상했겠다.

 그래. 그런 걸 굴욕적이라고 해.
굴(屈)에는 굽힌다는 뜻이 있거든.

알겠어. 그럼 난 앞으로 굴을 먹지 않을게.

 으휴, 못 말려. 그 굴이 아니거든!

백절불굴(百折不屈) : 백 번 꺾여도 절대 굽히지 않는다.

백	절	불	굴
百 100번	折 꺾이다	不 아니다	屈 굽히다

다음 단어를 넣어서 짧은 글을 지어 봐.

> **보기**
> 불굴, 굴복, 직진

환이 : 나는 이순신 장군을 존경해. 불굴의 의지를 보여 줬잖아.
다솜이 : 맞아. 왜적들에게 굴복하지 않았지.

나 :

우리나라에 없는 외국 과자인데, 이거 너 줄게. 내 부탁 좀 들어줘~!

과자 100개를 준대도 굴복하지 않겠어!

태양계, 지구 그리고 별자리

환이의 눈이 휘둥그레졌다. 거대한 행성들이 눈앞에 줄을 맞춰 떠 있었다. 그리고 환이와 다솜이는 어느새 우주 비행사처럼 옷을 바꿔 입고 있었다.

"우아, 저건 다 뭐야?"

"태양계와 행성들."

다솜이가 담담하게 고개를 끄덕였다. 따뜻한 기운을 내면서 밝게 빛나는 태양이 한가운데 떠 있고, 나머지 행성들이 조용하고 장엄한 모습으로 태양을 중심으로 회전하고 있었다. 태양을 바라보는 것만으로도 따뜻한 기운이 느껴졌다.

그런데 누가 낙서라도 해 놓은 듯 행성들의 모습이 엉망이었다. 이환 천재, 박다솜 바보와 같은 글이 거대한 행성들에 씌어 있었다.

"설마…… 저거 내가 한 거야? 아이고, 미안해. 별들아."

환이는 머리를 긁적였다. 다솜이는 고개를 저으면서 혀를 끌끌 찼다.

"행성이라고 불러."

다솜이의 투명창에 글자들이 나타났다.

> 태양계는 태양과 태양의 영향이
> 미치는 공간에 있는 천체를 말합니다.
> 태양계는 태양과 행성, 위성과 소행성,
> 혜성 등으로 이루어져 있습니다.

"행성하고 별이 달라?"

"응. 당연히 다르지."

> 별은 태양처럼 스스로 빛을 내는 천체를 말합니다.
> 행성은 스스로 빛을 낼 수 없지만, 금성이나 화성 등은
> 별처럼 밝게 보이기도 합니다.

"금성, 화성? 행성들에도 이름이 있단 말이야?"

"그럼. 당연히 있지."

다솜이가 손가락을 가볍게 튕기자, 행성들 위로 이름이 생겨났다. 태양에서 가장 가깝고 작은 별은 수성, 아름답게 빛나고 있는 별은 금성, 그리고 초록빛으로 빛나는 별은 지구, 그 옆으로는 붉은 별 화성, 가장 커다란 별은 목성, 고리가 유난히 눈에 띄는 건 토성, 그다음은 천왕성, 맨 마지막은 해왕성이었다.

"저 행성들 위에 숫자들은 뭐야?"

행성들 위에 숫자가 씌어 있었는데, 저마다 달랐다.

"상대적인 크기야."

다솜이는 지구 위의 숫자 1을 가리켰다.

"아하, 그 정도는 나도 금방 알아듣지. 지구가 1이면 나머지는 크기가 얼마나 되나 이런 뜻이란 거지?"

환이는 한참을 따져 봤다.

"지구보다 큰 건 목성, 토성, 천왕성, 해왕성이네. 지구보다 작은 건 수성, 금성, 화성 세 개고, 가장 비슷한 건 금성이네."

환이는 태양에서 행성까지 걸어 보았다. 태양에서 가까울수록 뜨겁고, 태양에서 멀어질수록 추웠다. 환이는 자신의 걸음으로 행성 간의 거리를 재 보았다.

행성	수성	금성	지구	화성	목성	토성	천왕성	해왕성
상대적 거리	0.4	0.7	1.0	1.5	5.2	9.6	19.2	30.0

"태양에서 지구까지의 거리를 1로 잡으면 음, 수성은 0.4잖아. 태양에 너무 가깝네. 이렇게 되면 생물이 어떻게 살 수 있겠어. 아유, 뜨거워."

수성은 너무 뜨거웠고, 해왕성은 태양에서 30걸음이나 떨어져서 너무 추웠다.

"아유, 추워. 해왕성은 추워서 아무도 못 살겠네. 태양에서 너무 멀지도 않고, 너무 가깝지도 않아야 하는데……. 음, 지구가 생물이 살기 딱 좋겠어."

지구는 태양에서 너무 가깝지도 않고, 너무 멀지도 않았다. 지구가 생물들이 모여 사는 초록별이 된 것도 다 이유가 있었다. 태양이 지구를 비추는 동안은 따뜻한 기운이 지구를 감쌌고, 태양이 지구를 비추지 않으면 지구는 차갑게 식었다. 환이는 지구 가까이 가서 태양이 비추는 느낌이 어떠한지 직접 확인했다.

"다솜아, 이것 좀 봐. 태양이 지구를 어떻게 비추느냐에 따라서 어디는 따뜻하고, 어디는 추워. 진짜 신기해."

"**태양 고도**라고 해."

> 지구에서 태양을 바라보면 태양이 하루 동안 동쪽에서 서쪽으로 움직이는 것처럼 보입니다. 이때 태양의 높이도 조금씩 달라집니다. 태양의 높이가 달라지면서 지표면과 이루는 각도도 달라지는데, 이걸 태양 고도라고 부릅니다.

"그러니까 태양 고도가 높다는 건 태양이 지표면을 똑바로 비춘다는 뜻이잖아. 고도가 높은 곳은 따뜻하고, 고도가 낮아지면

덜 따뜻하고."

"점심엔 어떻게 돼?"

"그야 태양 고도가 제일 높지. 머리 위에서 비추니까. 아하, 그래서 한낮이 제일 따뜻한 거구나."

환이가 스스로 답을 말하고는 감탄했다.

"문제 하나 풀어 봐."

"싫어. 갑자기 무슨 문제야."

환이가 손을 저었지만, 이미 다솜이의 투명창에 문제가 떴다.

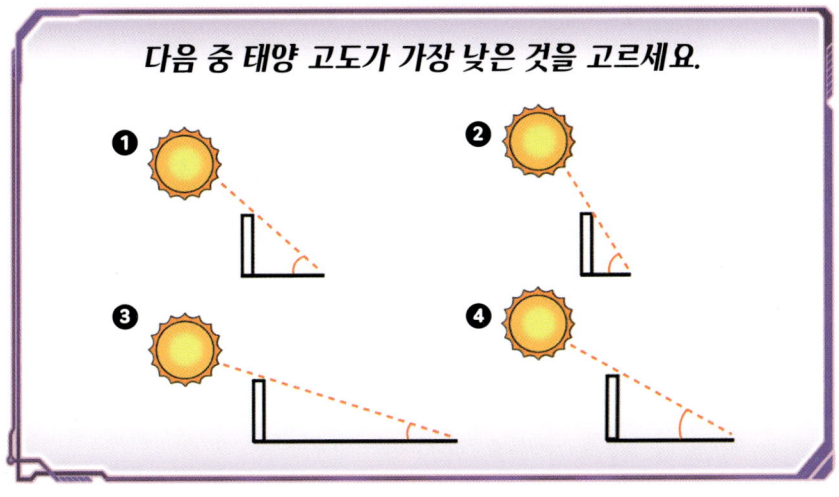

"이 문제 맞히면 금화 주는 거지? 으음, 태양이 가장 낮게 떠 있는 걸 고르는 거니까……. 어렵지 않네."

짤랑짤랑 소리가 나면서 금화가 환이 손에 떨어져 내렸다.
"오호, 정답이다. 히히."
금화는 다시 다솜이 투명창으로 빨려 들어갔다.
"그림자도 달라져."
"태양 고도가 달라지면 그림자도 달라지겠지. 아, 나 무슨 말인지 이해했어. 태양 고도가 높으면 그림자는 짧아져. 반대로 낮아지면 그림자는 길어지지. 태양이 지구 어디를 비추냐에 따라 그림자 길이가 달라지니까."

> 태양은 한낮인 오후 12시 30분경에 정남 쪽인 머리 위에 위치합니다. 이때를 태양이 남중했다고 말하는데요. 이때의 태양 고도를 태양의 남중 고도라고 부릅니다.

"그러니까 한낮에는 태양이 남쪽 중앙에 온다, 이거잖아. 그래서 그걸 태양의 남중 고도라고 한다, 이거지."
환이의 말에 다솜이가 엄지를 척 세웠다.
"오오, 똑똑해졌어."
"나 원래 똑똑했거든."
환이가 킥킥거렸다.

"근데 왜 지구가 옆으로 살짝 기울어서 돌고 있는 것처럼 보이지? 내 눈이 이상한가?"

환이가 눈을 비비면서 물었다.

"자전축 때문이야."

"자전축? 자전은 또 뭔데?"

"지구가 도는 거야."

"지구가 돈다고?"

환이는 한참을 지구가 도는 걸 바라보았다. 다솜이 말이 맞았다. 지구는 옆으로 살짝 기운 채 돌고 있었다.

"네 말이 맞아. 지구가 정말로 옆으로 살짝 기울어진 채 돌고 있어. 저걸 자전축이라고 하는 거구나?"

지구가 옆으로 살짝 기운 채 회전하는 덕분에 지구의 일부분에 태양이 비추었다가 가려졌다가 했다.

"응, 낮과 밤이 생겨."

"와, 저게 바로 낮과 밤이 생기는 이유였어. 태양은 지구에 정말 많은 영향을 주는구나. 태양 때문에 하루 동안 지구 온도가 올라갔다가 내려갔다가 그러잖아."

"응. 계절도 달라져."

"계절이 달라진다고? 아, 그건 알겠다. 머리 위를 비춰서 그림자가 짧아지는 한낮에 온도가 올라가는 것처럼 혹시 여름에도 그런 거 아닐까?"

> 태양의 남중 고도가 가장 높은 계절은 여름입니다.
> 태양이 떠 있는 시간이 길어서 낮의 길이가 길고,
> 기온도 높아요. 반대로 태양의 남중 고도가 가장 낮은 계절은
> 겨울입니다. 겨울에는 태양이 떠 있는 시간이 짧아서
> 낮의 길이가 짧고, 기온도 낮지요.

"우아, 태양이 우리한테 이렇게나 영향을 주다니. 와, 나 학교로 돌아가면 애들한테 막 설명해 줄 거야. 흠."
"왜 기온이 달라져?"
"응? 왜 기온이 달라지냐고? 그걸 내가 어떻게 알아?"
"왜 몰라. 알고 있지."
"안다고?"
환이가 의아해서 눈이 동그래졌다. 순간, 환이의 머리 위로 태양이 올라왔다.
"아이고, 뜨거워."
환이는 놀라서 머리 위를 손으로 마구 저었다.

"이럴 땐 어떤지 봐."

다음 순간, 태양은 옆으로 기울어서 환이를 비추었다. 환이의 그림자도 쑤우욱 길어졌다.

"태양 에너지의 양."

다솜이가 손가락을 까딱거리면서 말했다.

"태양 에너지의 양?"

한참을 곰곰이 생각하던 환이가 아, 하면서 입을 딱 벌렸다.

"와, 나 어떤 건지 이해했어. 태양이 똑바로 비추면 태양 에너지 양도 많아지고, 태양이 옆으로 비추면 태양 에너지 양도 줄어들어. 그러니까 계절에 따라서 태양 에너지의 양이 달라지니까 기온도 올라갔다가 내려갔다가 그러는 거야."

"계절은 왜 달라져?"

"뭐? 계절이 왜 달라지냐고? 어, 그건 음, 혹시 태양 고도 때문인가? 잘 모르겠는데……."

다음 순간, 환이는 다솜이와 함께 지구 위에 올라가 있었다.

"으아아, 어지러워."

지구는 쉼 없이 회전하면서 동시에 태양 주변을 돌고 있었다.

"자전과 공전이지."

"공전이 뭔데?"

"태양 주위 도는 것."

"뭐어? 태양 주위를 돈다고? 그럼 지구는 스스로 회전도 하면서 태양 주위를 돌고 있단 거야? 이야, 지구는 되게 바쁘겠다."

> **지구는 자전축이 기울어진 채 태양 주위를 공전합니다.
> 지구 자전축이 기운 채 태양 주위를 공전하면 지구 위치에 따라
> 태양 남중 고도도 달라집니다. 태양의 남중 고도에 따라
> 태양 에너지의 양도 변화하기 때문에 계절이 달라집니다.**

지구는 환이와 다솜이를 싣고 태양 주위를 열심히 회전했다.

"와, 이래서 계절이 바뀌는 거구나. 만약에 지구가 기울어서 자전하지 않으면 계절이 바뀌지 않을 거고. 지구가 똑바로 서 있으면 늘 똑같은 면에만 태양 에너지가 닿겠지."

"공전을 안 한다면?"

다솜이가 물었다.

"공전을 안 하면 계절이 바뀌지 않을 거야. 태양의 남중 고도도 달라지지 않겠지. 그럼 기온에 변화가 없을 거고, 계절의 변화도 없어질 거야."

"그래. 바로 그거야."

다솜이가 밝게 웃었다.

> 위대한 개척자님이 어려운 내용을 이해하여
> 보너스 금화가 주어집니다.

허공에서 금화가 짤랑거리면서 환이 손으로 마구 떨어졌다.

"어, 저건 뭐야? 목성 주변에 작은 행성들이 또 있는데?"

"행성 아니고, 위성."

"위성? 저런 걸 위성이라 한다는 거지?"

> 행성 주변을 도는 작은 천체를 위성이라고 부릅니다.
> 지구에는 위성이 하나 있고, 목성에는 위성이 네 개나 있어요.

"지구의 위성은 달."

지구 옆에 뽀얗고 동그란 달이 함께 돌고 있었다.

"지구의 위성이 달이라는 거야? 와, 난 전혀 몰랐네."

"너만 몰랐던 거지."

다솜이가 혀를 끌끌 찼다.

"저거 봐. 달은 지구를 공전하고, 지구는 태양을 공전해. 근데 달은 자전하지 않고, 지구는 기울어진 채 자전해. 그래서 지구엔 계절도 생기고, 낮과 밤도 생기는 거야. 어때, 내 말이 맞지?"

"그래. 아주 정확해."

우주에는 지구 말고도 수없이 많은 별과 천체들이 밝게 빛나고 있었다.

"와, 난 하늘에 별이 이렇게 많은 줄 몰랐어."

환이가 감탄하면서 주변을 둘러보았다.

> 옛날 사람들은 별들을 묶어서 기억하기 쉽게 별자리로 이름을 붙여 주었어요. 별자리를 알면 가까이에 있는 다른 별의 위치도 찾아낼 수 있답니다. **이번 별자리 문제를 맞히면 금화를 획득하고 다음 페이지로 이동할 수 있습니다.**

"아, 난 별자리는 북두칠성 딱 하나 아는데, 어떻게 하지?"

하지만 문제를 못 맞히면 계속 우주에 남아 있어야 할 것이다. 환이는 마지못해 고개를 끄덕였다.

> **북극성이 어디에 있는지 찾아보세요.**

"뭐어어어? 북극성이 이 많은 별 중 어떤 건지 내가 어떻게 알아!"

환이는 울상이 되었다. 하지만 다솜이는 빙긋이 웃었다.

"북두칠성 알잖아."

"북두칠성만 알면 뭘 해. 북두칠성은 딱 봐도 바로 보이잖아."

환이가 손가락으로 멀리 있는 국자 모양 별을 가리켰다.

"맨 끝에서 다섯 배."

다솜이가 고개를 끄덕이면서 설명했다.

"다섯 배? 끝에서?"

환이는 고개를 갸우뚱하다가 다솜이 말대로 맨 끝의 별을 찾아보았다. 국자 모양의 맨 끝 별이 희미하게 빛났다. 그러고 보니, 정말로 맨 끝의 별에서 다섯 배 길게 늘려 놓은 것처럼 아래쪽에 작은 별이 빛나고 있었다.

환이가 팔짝팔짝 뛰다가 둥그렇게 선을 그리면서 우주를 가로지르며 날아올랐다. 어느새 나타난 검은 고양이가 환이에게 머리를 비비고 있었다. 환이는 멀리서 빛나는 지구를 향해서 손을 흔들어 댔다. 그때 어디선가 쿵쾅, 쿵쾅, 소리가 들려왔다.

"다솜아, 이 소리 들려?"

환이와 다솜이가 마주 보았다. 하지만 이미 주변은 캄캄해진 뒤였다.

꼬리에 꼬리를 무는 어휘 이야기 9

옛날 사람들은 **행성**(行星)에 이름을 붙여 주었어. 수성은 물이 있는 별처럼 보여서 수성, 반짝거리는 별은 금성, 불타듯 붉게 빛나는 별에는 화성, 커다랗고 우람한 나무 같은 별은 목성, 흙으로 가득 차 있는 것처럼 보이는 별은 토성, 이런 식으로 말이야. 뜨거운 양의 기운이 느껴지는 건 태양, 달은 월성이라고 불렀지. 이걸 따서 일주일의 이름도 붙였어. 월요일, 화요일, 수요일, 목요일, 금요일, 토요일, 일요일로 말이야.

혹시 눈치챘니? 이 행성들의 이름에는 성(星)이란 글자가 등장해. 이게 별이란 뜻의 한자어거든. 이 글자가 들어 있는 단어는 별이란 뜻이 있어. 수성, 금성, 화성, 목성, 토성, 천왕성, 해왕성, 월성, 모두 마찬가지지.

성운(星雲) : 구름처럼 모여 있는 천체들, 별들의 덩어리
성단(星團) : 중력에 끌려서 모여 있는 별들의 무리

일월성신(日月星辰) : 해, 달, 별들, 우주를 뜻하는 말.

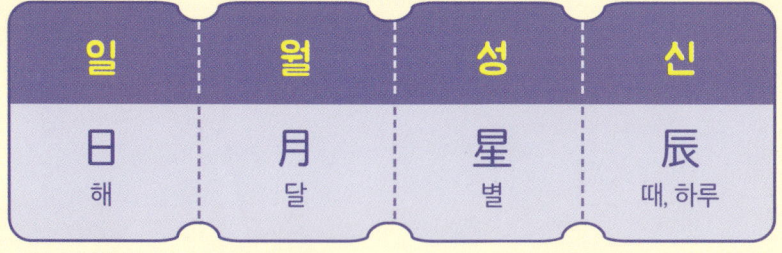

일요일(日曜日) : 일주일의 마지막 날   **월광**(月光) : 달빛

지구는 자전과 공전을 해. 지구가 스스로 회전하는 걸 **자전**(自轉)이라고 하고, 다른 천체 주변을 도는 것을 **공전**(公轉)이라고 해. 전(轉)은 회전한다는 뜻이 있는 말이야. 스스로라는 말의 자(自)와 회전한다는 전(轉)이 합해져서 자전, 여럿이라는 뜻의 공(公)과 전(轉)이 합해져서 공전이 된 거지.

태양계는 태양 주변을 공전하는 여러 행성이 모여 있는 걸 말해. 수성, 금성, 화성, 목성, 토성, 천왕성, 해왕성 그리고 우리 지구도 태양 주변을 돌지. 지구가 태양을 공전하는 데 걸리는 시간을 1년으로 삼고, 지구가 자전하는 데 걸리는 시간을 하루로 삼아. 우리가 잘 모르고 있지만, 지구의 자전과 공전은 우리 생활에 너무나 중요한 일인 셈이지.

전(轉)에는 구르다, 회전하다, 같은 뜻이 있어. 전(轉)이 들어간 단어들을 살펴보자.

자전(自轉) : 스스로 회전하는 것
공전(公轉) : 한 천체가 다른 천체 주변을 회전하는 것
회전(回轉) : 어느 방향으로 움직이는 것

보기의 단어를 넣어 짧은 글을 지어 봐.

> 보기
> 자전, 공전, 회전

환이 : 자동차가 오른쪽으로 회전했다.
다솜이 : 지구는 늘 공전한다.

나 :

우리 몸은 신비해

"위대한 개척자님, 인체에 오신 것을 환영합니다. 이번 레벨에서 학습 도우미는 열 글자로 말할 수 있습니다."

자동차 스피커에서 또랑또랑한 목소리가 들려왔다. 환이와 다솜이는 어느새 세련되고 멋진 자동차를 타고 있었다.

> 우리 인체는 최첨단 시스템으로 운영되고 있습니다.
> 어떤 곳을 탐험하고 싶으신가요?

환이는 유리창에 나타난 글자와 인체 모형도를 보면서 고개를 갸웃했다.

"다솜아, 너 이제 열 글자로 말하는 거지? 우리 어디로 갈까?"

"우리 몸 어디든 갈 수 있어."

환이는 잠시 고민했다.

"햄버거를 먹으면 우리 몸에서 어떻게 되는지 볼래."

환이의 말이 떨어지기가 무섭게 찰칵, 하는 소리와 함께 안전띠가 채워졌다.

자동차는 휘이잉, 소리를 내면서 푹신한 융단 위를 달려갔다.

"이 푹신푹신한 카펫은 뭐지? 바닥에 주머니 같은 게 엄청 많아."

"미뢰라고 부르는 거야."

"미뢰가 뭔데?"

"혀에서 맛을 느끼게 하지."

"뭐어어? 그럼 설마 여기가…… 혀?"

"미뢰는 혀에 주로 분포되어 있는 미각 세포들이 꽃봉오리처럼 모여 있는 걸 말합니다."

스피커에서 목소리가 들려왔다.

"징그러워. 그럼 여기가 혓바닥이라는 거잖아."

그때 도로 한복판으로 대형 햄버거가 들어왔다. 거대하고 새하얀 이빨 기둥들이 햄버거를 마구 부수었다. 자동차는 위아래로 날카로운 기둥 사이를 요리조리 피했다. 햄버거가 잘게 쪼개지는 가운데로 어디선가 맑은 물줄기가 샘솟듯 나왔다.

"저 물줄기는 침이야."

다솜이가 손가락으로 맑은 물줄기를 가리켰다.

"치이이임? 으으윽."

환이가 얼굴을 잔뜩 찌푸렸다.

"침은 음식을 무르게 하지."

부서지고 걸쭉해진 햄버거는 커다란 터널 같은 데로 빨려 들어갔다. 자동차도 목구멍을 지나 식도로 넘어갔다. 좁고 가느다란 도로였다.

"**식도는 음식물이 지나가는 통로입니다. 다음 목적지는 위입니다.**"

자동차는 널찍한 저수지 같은 곳으로 이동했다. 사방에서 조그만 창을 들고 고깔모자를 쓴 아이들이 꾸역꾸역 밀려들었다. 아이들의 모자에는 위액이라고 쓰여 있었다.

"이번에도 주인님이 음식을 씹지 않고 꿀꺽 삼켰나 봐요. 음식을 녹이기 위해 위액들이 더 많이 필요합니다."

고깔모자를 쓴 아이들은 창으로 음식물을 꾹꾹 찔러서 잘게 쪼갰다. 죽처럼 된 음식물과 함께 자동차도 저수지에 둥둥 떠 있었다.

"이제 작은창자로 이동하겠습니다. 작은창자는 우리 몸에 꼭 필요한 영양소와 수분을 흡수하며 길이가 약 6~7m 정도 되는 긴 도로입니다. 손잡이를 꽉 잡으세요."

죽이 된 음식물은 다시 이동했다. 도로는 주름진 붉은 벽으로 바뀌었고, 주름진 벽에는 부드러운 털이 흩날렸다. 음식물은 털을 지나갈 때마다 흡수되어 사라졌다.

"저 털이 음식물을 모두 먹어 치웠어. 햄버거는 이제 흔적도 없어."

"융털은 영양소를 흡수해."

작은창자는 한참이나 이어졌다.

"다음 목적지는 큰창자입니다. 큰창자는 음식물 찌꺼기에 남은 수분을 모두 흡수하며 길이가 약 1.5m 정도로 짧습니다. 손잡이를 꽉 잡으세요."

큰창자에서 수분이 모두 빨려 단단해진 찌꺼기들은 한곳에 모여들었다. 냄새가 폴폴 나는 것이 그 찌꺼기가 무엇인지는 말 안 해도 알 수 있었다.

"아휴, 배 아파. 오늘 너무 많이 먹었나."

자동차 밖에서 커다란 목소리가 쩌렁쩌렁하게 들려왔다.

"엇, 이 목소리는 보람이잖아?"

다솜이의 귓불이 순간 새빨개졌다.

"뭐야, 우리 그럼 보람이 배 속에 있었던 거야?"

환이가 킥킥거렸다.

"모든 인간은 먹어야 살아."

다솜이가 헛기침을 했다. 순간 뿌우웅, 하는 소리가 길게 이어졌다. 다솜이의 얼굴이 새빨개지고, 환이 입에서 웃음이 터져 나왔다.

> 인체가 음식을 소화하는 과정을 말하세요.
> 20금화를 드립니다.

"그거야 쉽지. 입에서 식도로 이동하고, 다시 위로 이동, 그 다음엔 작은창자, 큰창자, 그리고 항문. 킥킥."

환이 손바닥에 금화가 순식간에 수북하게 쌓였다.

"위대한 개척자님, 항문을 통해 찌꺼기들과 함께 몸 밖으로 이동하시겠습니까?"

어느새 자동차는 표지판 앞에 멈추어 있었다.

"질문! 우리 몸에서 똥만 만들어지는 건 아니잖아. 오줌은 어떻게 만들어져?"

"우리 몸엔 정수기가 있어."

"정수기? 어디에?"

다솜이의 투명창에 설명이 나타났다.

> 우리 몸속 기관들이 일을 하면 찌꺼기가 만들어집니다.
> 우리 몸에 필요한 물질은 남기고,
> 불필요한 찌꺼기들을 몸 밖으로 내보내는 것을
> 배설이라고 합니다. 우리 몸의 배설 기관에는
> 콩팥, 오줌관, 방광, 요도 등이 있습니다.

"아아, 그러니까 똥하고 오줌은 다른 데서 만들어지는 거잖아. 하하. 신기하고 재밌다. 나 조금 더 보고 싶어. 이번엔 으음, 콧구멍? 킥킥."

"위대한 개척자님, 호흡 기관으로 이동하겠습니다. 손잡이를 꽉 잡아 주세요."

이번에는 널찍한 동굴 비슷한 곳으로 갔다. 쉬이익, 하는 소리가 났다가 드르르릉, 푸우욱, 하는 소리가 났다. 규칙적인 소리에 환이가 고개를 갸웃거렸다.

"우리 아빠 코 골 때 이런 소리 나는데? 설마 우리 아빠 콧구멍에 온 건가?"

"**인체가 숨을 들이마시고 내쉬는 활동을 호흡이라고 부릅니다.** 위대한 개척자님, 호흡 기관을 탐험하시겠습니까."

"좋아, 고고!"

쉬이이익, 하는 소리와 함께 자동차는 둥둥 떠서 어디론가 빨려 들어갔다. 캄캄한 동굴 벽에는 온통 새카만 털이 가득했다. 먼지 같은 게 들어왔다가도 그 새카만 털에 엉겨 붙었다.

"으으, 코딱지야."

환이는 왠지 콧구멍이 간지러웠다.

"모든 인간에게 있는 거야."

다솜이가 담담하게 말했다. 자동차는 콧구멍을 지나서 기관으로 넘어갔다. 기관은 주변이 온통 새카맸다.

"여긴 왜 이렇게 어둡지?"

스피커에서 목소리가 흘러나왔다.

"**기관은 공기가 이동하는 통로입니다.** 안타깝지만 담배를 피우면 기관이 새카매지지요. 이제 기관지를 거쳐 폐로 이동하겠습니다. 손잡이를 꽉 잡아 주세요."

쉬이익, 소리와 함께 자동차는 여러 갈래 길을 지나 거대한 풍선 같은 곳으로 이동했다. 두 개의 거대한 풍선은 쉬이이익 소리를 내면서 불룩하게 커졌다가 푸르릉 소리를 내면서 다시 작아지는 걸 끊임없이 반복하는 중이었다.

"여기가 폐야? 와, 신기하다. 그것도 두 개가 있잖아?"

"폐는 우리 가슴 양쪽에 한 개씩 총 두 개 있습니다. 폐는 산소를 혈액으로 이동시키고, 반대로 이산화탄소는 폐로 가져옵니다. 다음 중 우리 몸의 호흡 기관은 무엇인가요?"

스피커에서 목소리가 흘러나오더니, 갑자기 허공에 여러 기관의 모습이 그려진 카드가 나타났다.

"앗, 이렇게 갑자기 문제를 내는 거야?"

폐, 심장, 작은창자가 그려진 카드였다. 다솜이가 팔짱을 낀 채 말없이 환이를 바라보았다.

"위하고 작은창자는 소화 기관이었지. 그러면 지금 우리가 있는 폐, 폐가 호흡 기관인 거야."

허공에서 짤랑짤랑 소리를 내면서 금화들이 떨어졌다. 금화는 다시 쪼르륵 소리를 내면서 다솜이의 투명창으로 빨려 들어갔다.

"이제 척척박사가 됐는데?"

다솜이가 웃으면서 말했다.

"그럼, 이 몸이 뭐든 빨리 배우잖아. 이제 인체 탐험은 다 끝난 거야?"

"아니, 아직 두 개 더 남았지."

"두 개 더 남았다고?"

"위대한 개척자님, 우리 인체는 혈액이 계속해서 순환하고 있습니다. 혈액의 흐름을 따라가겠습니다. 손잡이를 꽉 붙잡으세요."

자동차는 빠른 속도로 흘러가는 붉은 물줄기에 섞여서 달려가기 시작했다.

"우리 어디 가는 거야?"

"피가 **심장**으로 가는 거야."

"심장으로 간다고? 그럼 저게 다 피야?"

우주에서 들었던 쿵쾅거리는 소리가 더욱 가깝게 들려왔다. 거대하고 붉은 하트 박스에서 나는 소리였다. 거대한 하트는 여러 갈래 도로로 나뉘었다.

"저건 심장이야?"

다솜이가 조용히 고개를 끄덕였다.

"피를 순환하는 순환 기관."

그동안 들려왔던 쿵쾅거리는 소리는 심장이 쉴 없이 일하는 소리였다. 쿵, 할 때 피가 쭉 빨려 들어갔다가 쾅, 할 때 피가 다시 쭉 뿜어져 나왔다.

"마지막은 감각 기관이에요. 감각 기관이 자극을 알아차리면 곧바로 신경계로 신호를 보냅니다. 자극을 해석하고 행동을 결정하는 신경계는 다시 결정을 전달하고, 이 신호는 운동 기관에 전달돼요."

"그게 다 무슨 말이야? 그러니까 감각 기관이 도대체 뭔데?"

"눈, 코, 귀, 혀, 피부를 말하지."

다솜이 말에도 환이는 잘 이해가 안 됐다.

"공이 날아오는 걸 보고, 잡아야지 생각하고 손을 뻗어 공을 잡지요. 본다, 생각한다, 뻗는다, 이것이 바로 우리 몸에서 자극이 전달되는 과정입니다. 물체를 보는 건 시각, 소리를 듣는 건 청각, 냄새를 맡는 건 후각, 맛을 보는 건 미각, 피부로 느껴지는 건 촉각이지요."

환이는 그제야 조금 이해가 될 것도 같았다.

"되게 복잡하다. 이런 일들이 우리 몸에서는 계속 일어난다는 거잖아."

"응. 인체는 놀랍고 신비해."

환이와 다솜이는 마주 보면서 웃었다.

"위대한 개척자님, 문제를 맞히면 마지막 페이지로 이동합니다. 문제를 푸시겠습니까."

스피커에서 목소리가 흘러나왔다.

"하아, 드디어 마지막 페이지래. 다솜아, 우리 이제 밖으로 나갈 수 있나 봐."

다솜이의 얼굴에도 긴장감이 가득했다. 환이는 천천히 고개를 끄덕였다.

"다음 십자말 퍼즐을 풀어 보세요. 단, 학습 도우미의 도움은 받을 수 없습니다."

"앗, 십자말 퍼즐? 나 이런 거 진짜 못 하는데……."

> **세로1** 음식물을 소화하는 과정에서 영양소가 흡수되는 곳은 어디인가요?
>
> **세로2** 콩팥, 방광, 요도 등 우리 몸에서 노폐물이 배설되는 기관을 무엇이라고 하나요?
>
> **세로3** 우리 몸에서 혈액을 순환시키는 기관은 핏줄과 이곳입니다. 이곳은 어디인가요?
>
> **가로1** 우리 몸으로 들어온 공기가 기관에서 폐로 이동할 때 지나가는 곳은 어디인가요?
>
> **가로2** 작은창자는 소장이라고 부릅니다. 큰창자는 다른 말로 무엇이라고 부를까요?

한참 문제를 풀어 가던 환이는 고개를 갸우뚱했다.

> **가로3** 불이 날까 조심하라고 외치는 것을 무엇이라고 하나요?

"불조심인가? 왜 갑자기 이런 문제가 나왔지?"

어디선가 야옹, 야옹 하고 우는 소리가 났다. 여태까지 부드럽게 울던 소리와는 사뭇 달랐다. 무언가를 조심하라는 듯 날카롭게 들렸다.

"다솜아, 왜 우는 소리만 들리고 미오가 안 보이지?"

꼬리에 꼬리를 무는 어휘 이야기 10

우리 몸은 정말로 복잡하면서도 매우 정교하게 움직여. 심지어 우리가 잠이 들어서 의식이 없는 동안에도 우리 몸은 계속해서 호흡하고 소화하고 기억을 정리하는 복잡한 일들을 해내지.

이렇게 우리가 알아차리지 못하는 상태에서도 우리 몸은 계속해서 작동하는 몇 가지 신체 기능들이 있어. 호흡을 계속해서 하는 것, 체온을 일정하게 유지하는 것, 심장이 뛰게 하는 것들이지.

인간의 체온은 잘 변하지 않아. 체온(體溫)은 몸을 뜻하는 체(體)와 따뜻한 정도를 뜻하는 온(溫)이 만난 단어야. 아플 때 소아과에 가면 제일 먼저 체온을 재잖아. 인간의 체온은 정상적인 상태에서는 36~37.5도를 유지하지만, 몸이 많이 아프거나 병에 걸리면 체온이 올라가거든. 반대로 체온이 너무 내려가도 안 돼. 차가운 물에 오래 있거나 추운 곳에 오래 있으면 저체온증에 걸려서 목숨이 위태로울 수도 있어.

체	온
體	溫
몸, 신체	따뜻하다

왜 추우면 몸이 떨리는 거야?

체온을 유지하고 열을 빼앗기지 않기 위해서야.

온(溫)에는 따뜻하다, 데우다, 같은 뜻이 있어. 온(溫)이 들어간 단어들을 살펴보자.

> **온도**(溫度) : 덥고 찬 정도
> **온도계**(溫度計) : 온도를 재는 도구
> **체온**(體溫) : 생물체가 가지고 있는 온도
> **체온계**(體溫計) : 체온을 잴 때 쓰는 도구

 너 왜 어제 학교에 안 왔어? 혹시 꾀병 아니야?

 아니야. 나 많이 아팠어. 체온(體溫)을 쟀는데 몇 도였는 줄 알아?

 몇 도였는데?

 36.5도.

 뭐야, 정상이잖아?

인간의 몸에는 여러 장기(臟器)가 있어. 장(臟)은 몸에 있는 여러 장기를 뜻하는 말이야. 기(器)는 기관이나 그릇을 뜻하는 말이고.

한의학에서는 이걸 오장육부(五臟六腑)라고 해. 간장(간), 심장, 비장(지라), 폐장(폐, 허파), 신장(콩팥), 이렇게 다섯 개의 장기를 오장이라고 불러. 위장(위), 담낭(쓸개), 방광(오줌통), 삼초(가슴부터 배꼽 아래 부위), 소장(작은창자), 대장(큰창자) 이렇게 여섯 기관을 육부라고 하지.

오	장	육	부
五 다섯	臟 장기, 내장	六 여섯	腑 장부

보기의 단어들을 이용해서 환이의 일기를 완성하세요.

| 보기 | 소장, 대장, 심장, 위장 |

환이의 일기

오늘은 엄마 몰래 아이스크림을 많이 먹었다.

엄마한테 들킬까 봐 [ㅅ][ㅈ] 이 콩닥콩닥 뛰었다.

근데 얼마 안 가서 배에서 계속해서 꾸르륵 소리가 나고

아팠다. 엄마가 "으이구, 찬 음식 많이 먹어서

[ㅇ][ㅈ] 이 탈이 났나 보네."라고 했다.

윽, 배 아파. 얼른 화장실에 가야겠다.

마지막 테스트

"마지막은 환이 님 혼자서 해결해야 합니다."

환이 앞에 마법사 복장의 남자가 서 있었다.

"어? 아저씨는 설마 마법사 인형?"

저울 나라에서 환이가 직접 무게를 잴 때 만났던 바로 그 마법사 인형이었다.

"인형이라고 하면 좀 섭섭한데요. 저는 어디까지나 환이 님이 만든 이 교과서 세상을 지켜 온 수호자랍니다. 후후."

남자가 소리를 내면서 웃었다.

"환이 님이 만든 교과서 세상은 여기저기 구멍 뚫리고 찢어지고 낙서도 돼 있었습니다. 사실 저는 이 교과서 세상이 이대로 엉망이길 바란답니다. 후후."

"뭐라고요?"

"저 검은 고양이 녀석이 환이 님을 이곳으로 불러오는 바람에 결국 이곳도 다른 평범한 교과서처럼 돌아가게 됐어요. 몹시 아쉽게도 말입니다."

마법사는 혀를 끌끌 찼다. 환이는 미오를 쳐다보았다.

"근데 다솜이는 또 왜 이래요?"

미오 옆에 다솜이가 인형처럼 딱딱하게 굳어 있었다.

"이거 혹시 제가 문제를 풀어야 다솜이의 마법도 풀리고, 여기서 빠져나갈 수 있는 건가요?"

"흐으음, 이제 규칙을 잘 아시는군요."

환이는 손에 쥐고 있던 화분을 바닥에 내려놓았다.

"잠시만요. 저 화분에 물 좀 주고요."

"그래 봐야 번데기일 뿐이니, 물을 줘도 소용없지요. 그래도 원하신다면……."

마법사가 어깨를 으쓱해 보였다. 환이는 마법의 물병을 꺼내서 화분에 물을 듬뿍 주었다.

"다 됐어요. 시작해요. 그 게임인가 뭔가……."

환이가 용감하게 한 발 앞으로 나섰다. 마법사가 오른손을 딱

소리가 나게 튕겼다. 환이와 마법사 앞에 커다란 말판이 놓였다.

"문제를 맞히면 앞으로 한 칸 나아가고, 틀리면 뒤로 한 칸 가게 됩니다. 문제를 세 번 이상 틀리면 이곳에서 영영 빠져나갈 수 없습니다. 그럼 마지막 게임을 시작하시겠습니까."

환이가 천천히 고개를 끄덕였다.

"말은 어디 있나요?"

"여기."

마법사는 딱딱하게 굳은 다솜이와 미오를 환이 옆에 두었다. 셋이 말판 위의 말이 된 것이었다.

환이는 차근차근 모든 문제를 다 풀었다. 처음 교과서 세상에 들어왔을 때는 상상도 할 수 없을 만큼 엄청난 발전이었다.

"좋습니다. 그럼 드디어 마지막 문제군요."

환이가 침을 꿀꺽 삼켰다. 마법사가 손가락을 딱 소리가 나게 튕겼다. 비어 있던 마지막 칸에서 글자가 서서히 드러났다.

"불을 끄기 위해 해야 할 일 세 가지는 무엇인가요? 뭐야. 난 모르는 건데……."

환이가 어리둥절해서 중얼거렸다.

"후후후, 그럴 줄 알았습니다. **불을 끄는 걸 소화**라고 하지요. **불이 붙어서 타는 걸 연소**라고 하고요."

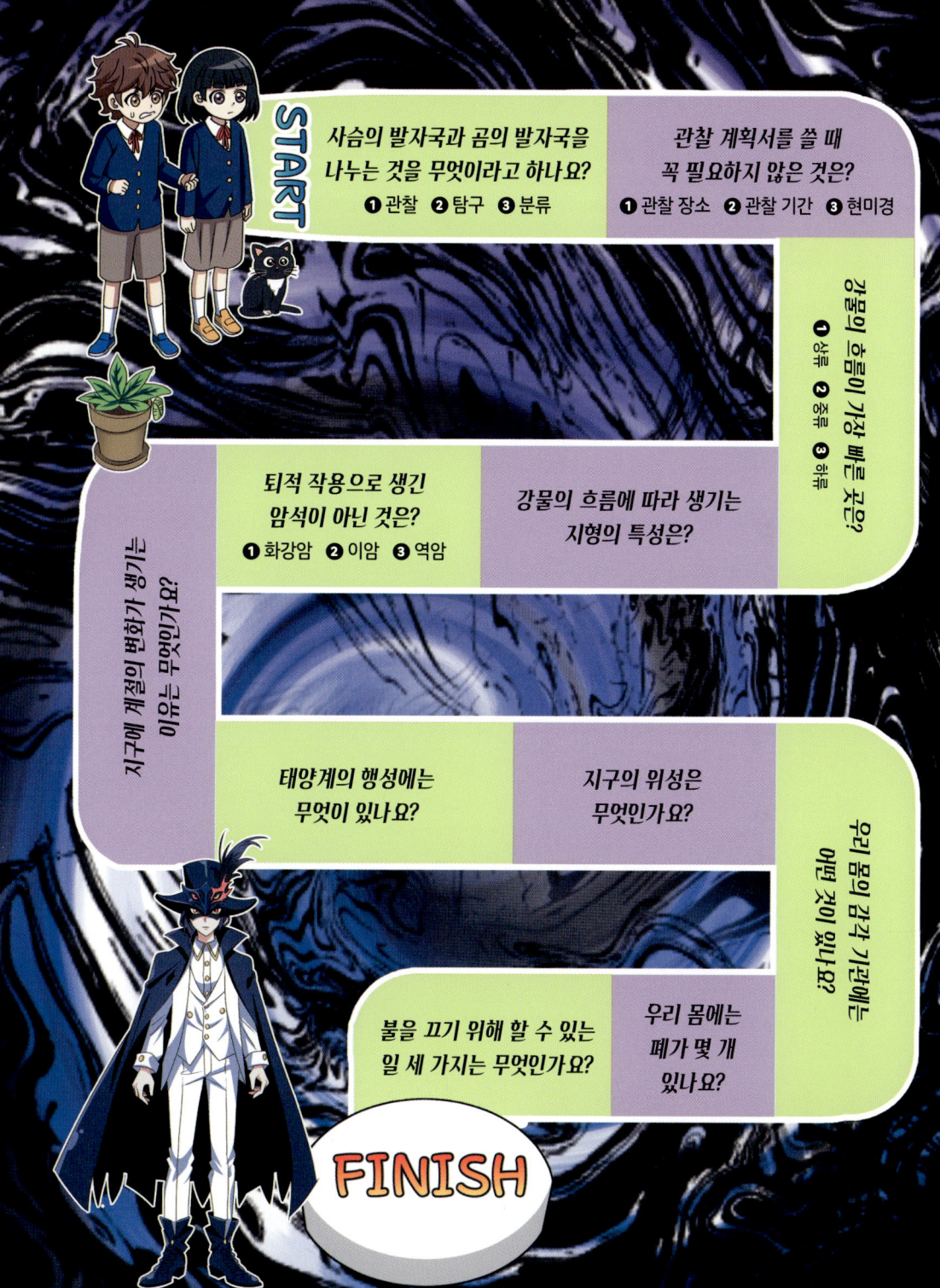

"그게 다 무슨 말이에요."

"아 참, 불조심하시고요."

마법사는 빙긋이 웃으면서 고개를 꾸벅 숙이고는 게임판 한가운데로 사라졌다. 어디선가 세찬 바람이 불어오면서 게임판 끝에서부터 불이 넘실거리듯 번져 왔다.

"으아아, 어떻게 하지. 다솜아, 미오야. 일단 너희부터 이리 와."

환이는 다솜이와 미오를 데리고 빠져나가려 했지만, 아무리 해도 게임판 바깥으로 나갈 수 없었다.

"하아, 어떡하지. 이 문제를 맞혀야 하나 봐. 자, 생각해 보자. 음, 불은 일단 뭔가 탈 게 있어야 돼. 그래야 불이 붙잖아? 그럼 첫 번째로 탈 물질이 필요해. 불이 붙었을 때 더 잘 타게 하려면 바람이 불어야 돼, 지금처럼. 그러니까 두 번째는 공기. 마지막 하나는 뭘까. 앗, 뜨거워."

환이는 바람이 불어오는 방향에서 느껴지는 뜨거운 기운 때문에 뒷걸음질 쳤다.

"아, 맞아. 온도. 일정 온도 이상이 돼야 탈 수 있어. 그럼 탈 물질, 공기, 마지막은 온도? 이걸 없애면……."

하지만 환이의 말과 동시에 바닥이 푹 꺼져 버렸다. 불이 붙어

서 그만 바닥이 다 타 버린 것이었다. 환이는 다솜이, 미오 그리고 번데기가 있던 화분과 함께 아래로 떨어져 내렸다. 끝도 보이지 않는 캄캄한 허공에서 허우적대는데, 갑자기 몸이 둥실 떠올랐다.

"환아, 이것 좀 봐."

다솜이의 감탄하는 목소리가 귓가에 들려왔다. 환이가 질끈 감았던 눈을 뜨니, 부드러운 무언가에 올라타 하늘로 날아오르고 있었다. 푹신하면서도 부드러운 게 구름 위에 앉은 것 같았다.

"와아, 와아……."

환이는 입을 벌린 채 넋을 놓고 웃었다. 커다란 나비가 환이, 다솜이, 미오를 태운 채 하늘을 날고 있었다.

"이럴 수가, 네가 그 마법의 애벌레야? 아하하하하."

환이는 나비를 확인하고는 웃어 보였다.

"네가 해냈어. 환아, 고마워."

"아니야. 우리가 해낸 거야. 다솜아, 고마워."

환이와 다솜이는 서로를 향해 밝게 웃었다. 미오가 야옹거리면서 둘을 바라보았다.

안녕, 미오의 대모험

나비는 평화로운 들판에 셋을 내려 주고는 어디론가 날아가 버렸다.

"와, 그 작은 애벌레가 나비가 돼서 우릴 구해 줄 줄이야."

"그러게 말이야. 너무 신기하다. 하하하. 거봐, 식물의 한살이, 동물의 한살이 모두 중요하다니깐."

환이와 다솜이는 나비를 향해 힘껏 손을 흔들었다. 미오가 머리를 비비면서 야옹거렸다. 입에는 황금빛 열쇠를 물고 있었다. 어느새 들판에 나타난 낡은 나무문을 보고는 환이와 다솜이가 서로를 바라보았다. 미오가 물고 있던 그때 그 황금 열쇠가 바로 이 문의 열쇠였다는 것을 둘은 금방 알아차렸다.

"이제 돌아갈까."

"미오야, 우리 그만 돌아갈게. 그동안 고마웠어."

환이와 다솜이는 황금 열쇠를 문에 꽂고는 천천히 돌렸다. 삐그덕 소리가 나면서 낡은 나무 문이 열렸다. 순간, 도서관에 번쩍 하고 번개가 쳤다.

"우르르릉, 쾅쾅."

"박다솜, 이환. 너희 뭐 해. 선생님이 빨리 오래."

보람이의 목소리가 도서관 문 앞에서 들렸다.

"으으, 돌아왔다. 돌아왔어!"

"아, 다행이다. 여긴 시간이 안 흘렀어. 아까 그대로야. 빨리 나가자!"

환이와 다솜이는 보람이를 향해, 그대로인 세상을 향해 달려갔다. 환이와 다솜이가 사라진 도서관 책꽂이 구석에서 야옹거리는 소리가 들려왔다. 입에 황금 열쇠를 문 채 미오는 사방을 두리번거리고 있었다. 멀리서 마법사 모습을 한 인형도 도서관 책꽂이 그림자 속에 숨어 있었다.

"이환, 너 설마 사회 교과서에도 낙서한 건 아니지?"

다솜이가 도서관을 나서며 환이에게 속삭였다. 다솜이의 말을 들은 미오와 마법사의 눈이 동시에 반짝, 하고 빛났다.

41쪽

환이의 애벌레 관찰 계획서

관찰 기간	2024년 5월 1일 ~ 5월 12일
장소	**마법의 애벌레를 어디에서 기를 건가요?** 작은 화분에서 기를 것이다.
준비물	마법의 물병, 화분, 사랑하는 마음, 돋보기
관찰하고 싶은 것	- 배추흰나비 알의 색깔과 크기 - 애벌레의 크기와 색깔 - 애벌레가 어떻게 움직이는지 - 애벌레가 번데기가 될 때까지 걸리는 시간 - 번데기에서 나비가 되어서 나오는 모습 등
관찰 방법	**얼마나 자주 관찰할 건가요?** - 아침, 저녁 한 번씩 관찰하고, 한 번에 10분 이상 관찰한다. **무엇을 이용해서 관찰할 건가요?** - 돋보기를 이용해서 자세하게 관찰한다. **어떤 내용을 기록할 건가요?** - 알의 색깔과 크기를 기록한다. - 알에서 애벌레가 나오기까지 얼마나 걸리는지 기록한다. - 애벌레의 색이 어떻게 변하는지 기록한다. - 애벌레에서 번데기가 되기까지 걸리는 시간이 얼마나 되는지 기록한다. - 번데기의 색깔과 크기를 관찰하고 기록한다.

127쪽

다음 중 태양 고도가 가장 낮은 것을 고르세요.

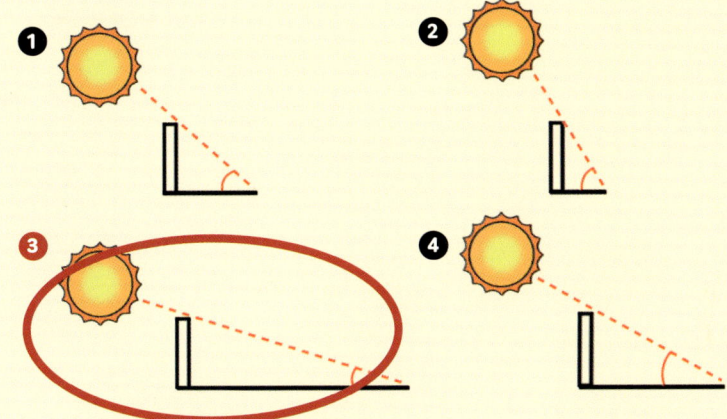

154쪽

③불	조	심				①작
						은
			②배			창
	③심		설			자
②대	장		①기	관	지	
			관			

다음 권에서 만나요~!

마스터 M과 교과서 대모험 과학

1판 1쇄 인쇄 | 2024. 4. 19.
1판 1쇄 발행 | 2024. 4. 30.

김성효 글 | 정수영 그림

발행처 김영사 | **발행인** 박강휘
편집 인우리 | **디자인** 조수현 | **마케팅** 이철주 | **홍보** 조은우
등록번호 제 406-2003-036호 | **등록일자** 1979. 5. 17.
주소 경기도 파주시 문발로 197(우10881)
전화 마케팅부 031-955-3100 | 편집부 031-955-3113~20 | 팩스 031-955-3111

© 2024 김성효, 정수영
이 책의 저작권은 저자에게 있습니다.
저자와 출판사의 허락 없이 내용의 일부를 인용하거나 발췌하는 것을 금합니다.

값은 표지에 있습니다.
ISBN 978-89-349-2727-3 74810

좋은 독자가 좋은 책을 만듭니다. 김영사는 독자 여러분의 의견에 항상 귀 기울이고 있습니다.
전자우편 book@gimmyoung.com | 홈페이지 www.gimmyoungjr.com

| 어린이제품 안전특별법에 의한 표시사항 | 제품명 도서 제조년월일 2024년 4월 30일
제조사명 김영사 주소 10881 경기도 파주시 문발로 197 전화번호 031-955-3100 제조국명 대한민국
사용 연령 8세 이상 ⚠주의 책 모서리에 찍히거나 책장에 베이지 않게 조심하세요.